LIÇÕES
ESQUEMATIZADAS
DE INTRODUÇÃO
AO ESTUDO
DO DIREITO

REIS FRIEDE
ANDRÉ CARLOS

LIÇÕES ESQUEMATIZADAS DE INTRODUÇÃO AO ESTUDO DO DIREITO

Teoria, esquemas analíticos e exercícios de fixação

6ª Edição

Freitas Bastos Editora

Copyright © 2023 by Reis Friede e André Carlos.
Todos os direitos reservados e protegidos pela Lei 9.610, de 19.2.1998.
É proibida a reprodução total ou parcial, por quaisquer meios,
bem como a produção de apostilas, sem autorização prévia,
por escrito, da Editora.

Direitos exclusivos da edição e distribuição em língua portuguesa:

Maria Augusta Delgado Livraria, Distribuidora e Editora

Direção Editorial: *Isaac D. Abulafia*
Gerência Editorial: *Marisol Soto*
Diagramação e Capa: *Julianne P. Costa*

Dados Internacionais de Catalogação na Publicação (CIP) de acordo com ISBD

```
F9111      Friede, Reis
              Lições Esquematizadas de Introdução ao Estudo do
           Direito: teoria, esquemas analíticos e exercícios de
           fixação / Reis Friede, André Carlos. - 6. ed. - Rio de
           Janeiro, RJ : Freitas Bastos, 2023.
              136 p.; 15,5cm x 23cm.

              Inclui bibliografia.
              ISBN: 978-65-5675-258-7

              1. Direito. 2. Introdução ao direito. 3. Introdução
           ao estudo do direito. 4. IED. 5. Introdução à ciência
           do direito. 6. Fontes do direito. 7. Norma jurídica.
           8. Processo legislativo. I. Carlos, André. II. Título.
2023-254                                            CDD 340
                                                    CDU 34
```

Elaborado por Vagner Rodolfo da Silva – CRB-8/9410

Índices para catálogo sistemático:
1. Direito 340
2. Direito 34

Freitas Bastos Editora

atendimento@freitasbastos.com
www.freitasbastos.com

SUMÁRIO

CAPÍTULO I – A INTRODUÇÃO AO ESTUDO DO DIREITO COMO DISCIPLINA FUNDAMENTAL...15
I. Definições Conceituais 15
  1. Introdução ao Estudo do Direito (IED).....................15
    1.1. Definição 15
    1.2. Caráter Enciclopédico...15
    1.3. Caráter Epistemológico 15
II. Exercícios de fixação 16

CAPÍTULO II – DIREITO: NOÇÃO, CONCEITUAÇÃO E FINALIDADE SOCIAL...18
I. Definições Conceituais 18
  1. Introdução 18
    1.1. Noção de Direito...19
      1.1.1. Origem das Sociedades e dos Agrupamentos Sociais..19
      1.1.2. Origem das Sociedades e dos Vínculos Sociais.19
      1.1.3. Sociedade, Nação e Estado.........................20
      1.1.4. Conceito e Elementos do Estado.................22
        1.1.4.1. Território...22
        1.1.4.2. Povo..22
        1.1.4.3. Soberania...22
    1.2. Ordenamento Social e Instituições 23
      1.2.1. Família...24
      1.2.2. Propriedade: 24
      1.2.3. Estado 25
    1.3. Ordenamento Social e Ordenamento Jurídico 25
    1.4. Conceito Específico de Direito.............................27
    1.5. Finalidade Social do Direito 27
  2. Direito e Efetividade Jurídica...................................28
    2.1. Estado como Principal Elemento de Concreção do Direito...28
    2.2. Efetivação da Soberania e Concretização Objetiva do Direito e da Realidade Jurídica 28

CAPÍTULO III – DIREITO E JUSTIÇA..30
I. Definições Conceituais 30
  1. A Ideia de Justiça..30
  2. Justiça por Convenção, Justiça por Natureza, Justiça Distributiva e Justiça Comutativa..............................31
    2.1. Justiça por Convenção 31
    2.2. Justiça por Natureza 31
    2.3. Justiça Distributiva 31
    2.4. Justiça Comutativa 32
  3. A Relação entre Direito e Justiça 33

CAPÍTULO IV – O DIREITO COMO INSTRUMENTO DE CONTROLE SOCIAL 34
I. Definições Conceituais 34
  1. O Direito como Instrumento de Controle Social.........34
  2. Outros Instrumentos de Controle Social....................35
    2.1. Religião..35
    2.2. Regras de Trato Social..35
      2.2.1. Definição 35
      2.2.2. Características das Regras de Trato Social 36
    2.3. Moral..36
  3. Direito, Moral e Teorias dos Círculos....................38
    3.1. Teoria dos Círculos Concêntricos 38
    3.2. Teoria dos Círculos Secantes 39
    3.3. Teoria dos Círculos Independentes......................39
    3.4. Teoria do Mínimo Ético 40
II. Exercícios de fixação 41

CAPÍTULO V – DIREITO COMO CIÊNCIA 42
I. Definições Conceituais 42
  1. Direito como Ciência..42
    1.1. Ciência do Direito em Sentido Amplo 42
    1.2. Ciência do Direito em Sentido Estrito..................42
  2. Acepções do Vocábulo Direito 43
    2.1. Direito como Ciência do Direito 43
    2.2. Direito como Justiça..43
    2.3. Direito como Direito Subjetivo 43
    2.4. Direito como Direito Potestativo 43
    2.5. Direito como Correção de Atitude........................44
    2.6. Direito como Ordenamento Jurídico 44
    2.7. Direito como Fenômeno Social 44
  3. Teoria Tridimensional do Direito................................44
  4. Direito e Sociedade 45

5. Normas da Natureza e Normas da Cultura 46
6. O Papel do Legislador na Elaboração do Direito 47
II. Exercícios de fixação 48

CAPÍTULO VI – DEFINIÇÕES FUNDAMENTAIS DO DIREITO 50
I. Definições Conceituais 50
  1. Direito Positivo 50
  2. Direito Natural 50
  3. Direito Objetivo 51
  4. Direito Subjetivo 51
    4.1. Teoria da Vontade 52
    4.2. Teoria do Interesse Juridicamente Protegido 52
    4.3. Teoria Mista 53
  5. Direito Público e Direito Privado 53
    5.1. Ramos do Direito Público e Principais Codificações 54
      5.1.1. Ramos do Direito Público Interno 54
        5.1.1.1. Direito Constitucional 54
        5.1.1.2. Direito Processual Penal 55
        5.1.1.3. Direito Processual Civil 55
        5.1.1.4. Direito Penal 55
        5.1.1.5. Direito Administrativo 56
        5.1.1.6. Direito Tributário 56
      5.1.2. Ramos do Direito Público Externo 56
        5.1.2.1. Direito Internacional Público 56
        5.1.2.2. Direito Internacional Privado 57
    5.2. Ramos do Direito Privado e Principais Codificações 57
      5.2.1. Direito Civil 57
      5.2.2. Direito Empresarial 58
    5.3. Direito Misto (ou Social) e Principais Codificações 58
      5.3.1. Direito do Trabalho 58
      5.3.2. Direito Previdenciário 58
  6. Teoria do Ordenamento Jurídico 59
    6.1. O Direito como Sistema de Normas 59
    6.2. Características 59
      6.2.1. Coerência 59
      6.2.2. Completude 60
      6.2.3. Unidade 60
    6.3. Princípio do Entrelaçamento 60

6.4. Princípio da Fundamentação 61
7. A Lei de Introdução às Normas do Direito Brasileiro .. 61
II. Exercícios de fixação 62

CAPÍTULO VII – FONTES DO DIREITO 64
I. Definições Conceituais 64
  1. Definição de Fontes do Direito 64
  2. Classificação das Fontes do Direito........................... 64
    2.1. Fontes Materiais (Reais ou de Produção).............. 64
    2.2. Fontes Formais (ou de Conhecimento)................. 65
      2.2.1. Fontes Formais Estatais 65
      2.2.2. Fontes Formais Não Estatais 65
  3. A Lei como Principal Fonte Formal Estatal 65
    3.1. Acepções do Vocábulo Lei................................... 65
      3.1.1. Lei em Sentido Amplíssimo 65
      3.1.2. Lei em Sentido Amplo.................................... 66
      3.1.3. Lei em Sentido Estrito 66
    3.2. Princípio da Obrigatoriedade da Lei.................... 66
  4. Tratados Internacionais... 66
  5. Jurisprudência 67
    5.1. Definição.. 67
    5.2. Espécies de Jurisprudência 67
      5.2.1. Jurisprudência *secundum legem* 67
      5.2.2. Jurisprudência *praeter legem*...................... 67
      5.2.3. Jurisprudência *contra legem*....................... 67
    5.3. Súmulas 68
    5.4. Súmulas Vinculantes 68
  6. Costume Jurídico 69
    6.1. Definição.. 69
    6.2. Elementos do Costume.. 69
      6.2.1. Elemento Interno (ou Espiritual)..................... 69
      6.2.2. Elemento Externo (ou Material)...................... 69
    6.3. Espécies de Costume.. 70
      6.3.1. Costume *secundum legem* 70
      6.3.2. Costume *praeter legem* 70
    6.4. Costume e Princípio da Legalidade Penal............ 71
  7. Doutrina.. 71
    7.1. Definição 71
    7.2. Funções da Doutrina.. 72
      7.2.1. Função Crítica 72
      7.2.2. Função Interpretativa 72
      7.2.3. Função Inspiradora.. 72

8. Princípios Gerais do Direito 73
  8.1. Definição... 73
  8.2. Espécies de Princípios... 73
    8.2.1. Princípios Expressos 73
    8.2.2. Princípios Implícitos 74
9. Analogia 75
  9.1. Definição... 75
  9.2. Requisitos para o Emprego da Analogia............. 76
    9.2.1. Lacuna 76
    9.2.2. Semelhança.. 76
    9.2.3. Mesma Razão de Decidir.............................. 76
  9.3. Analogia e Direito Penal....................................... 76
  9.4. Analogia e Interpretação Analógica..................... 77
  9.5. Caso Concreto... 78
10. Contratos.. 79
11. Equidade... 79
  11.1. Definição 79
  11.2. Caso Concreto 80
II. Exercícios de fixação 80

CAPÍTULO VIII – NORMA JURÍDICA.. 85
I. Definições Conceituais 85
  1. Norma Jurídica... 85
    1.1. Definição 85
    1.2. Características da Norma Jurídica....................... 86
      1.2.1. Imperatividade 86
      1.2.2. Heterogeneidade 87
      1.2.3. Bilateralidade 87
      1.2.4. Generalidade 87
    1.3. Classificação da Norma Jurídica 87
      1.3.1. Quanto à Natureza das Disposições............. 87
        1.3.1.1. Normas Jurídicas Substantivas
          (ou Materiais)...................................... 87
        1.3.1.2. Normas Jurídicas Adjetivas
          (ou Processuais) 88
      1.3.2. Quanto à Obrigatoriedade 88
        1.3.2.1. Normas Jurídicas Imperativas (ou
          de Ordem Pública)............................... 88
        1.3.2.2. Normas Jurídicas Dispositivas (ou de
          Ordem Privada)................................... 88
      1.3.3. Quanto à Origem.. 88
      1.3.4. Quanto à Sistematização............................... 88

1.3.4.1. Normas Constitucionais 88
1.3.4.2. Normas Codificadas 89
1.3.4.3. Normas Esparsas (ou Extravagantes) 89
1.3.4.4. Normas Consolidadas 89
1.3.5. Quanto à Sanção 89
1.3.5.1. Normas Perfeitas 89
1.3.5.2. Normas Imperfeitas 89
1.3.5.3. Normas Mais que Perfeitas 89
1.3.5.4. Normas Menos que Perfeitas 90
1.3.6. Quanto à Vigência 90
1.3.6.1. Normas de Vigência Indeterminada 90
1.3.6.2. Normas de Vigência Determinada 90
1.3.7. Quanto à Aplicação 90
1.3.7.1. Normas Autoaplicáveis 90
1.3.7.2. Normas Dependentes de
Complementação 91
1.3.7.3. Normas Dependentes de
Regulamentação 91
1.4. Validade da Norma Jurídica 91
1.4.1. Validade Formal (ou Vigência) 91
1.4.2. Validade Fática (ou Eficácia) 91
2. Lacuna 92
2.1. Definição 92
2.2. Lacuna na Lei *versus* Lacuna no Sistema Jurídico. 92
2.3. Mecanismos de Integração das Lacunas 93
II. Exercícios de fixação 93

CAPÍTULO IX – TEORIA DA INTERPRETAÇÃO JURÍDICA 95
I. Definições Conceituais 95
1. Teoria da Interpretação 95
1.1. Definição e Função do Intérprete 95
1.2. Espécies de Interpretação 96
1.2.1. Quanto ao Sujeito (ou Fonte) 96
1.2.1.1. Interpretação Autêntica (ou Legislativa) 96
1.2.1.2. Interpretação Doutrinária (ou Científica).... 97
1.2.1.3. Interpretação Judicial (ou Jurisprudencial).98
1.2.2. Quanto ao Meio (ou Método)...................... 100
1.2.2.1. Interpretação Gramatical (Literal ou
Filológica) 100
1.2.2.2. Interpretação Lógica (ou Racional) 101
1.2.2.3. Interpretação Sistemática 101
1.2.2.4. Interpretação Histórica 103

1.2.2.5. Interpretação Teleológica (ou Sociológica)....................104
1.2.3. Quanto ao Resultado 105
1.2.3.1. Interpretação Declarativa (ou Enunciativa): 105
1.2.3.2. Interpretação Restritiva 105
1.2.3.3. Interpretação Extensiva 106
1.3. Analogia, Interpretação Analógica e Interpretação Extensiva....................107
2. Argumentação Jurídica 108
2.1. Espécies de Argumento Jurídico 108
2.1.1. Argumento da Redução ao Absurdo (ou Apagógico)....................108
2.1.2. Argumento *a contrario sensu* 109
2.1.3. Argumento *a fortiori*....................109
2.1.4. Argumento da Coerência 110
2.1.5. Argumento *a simili* 111
2.1.6. Argumento de Autoridade 112
2.1.7. Argumento *a priori*....................112
2.1.8. Argumento *a posteriori*....................112
II. Exercícios de fixação 113

CAPÍTULO X – PROCESSO LEGISLATIVO....................117
I. Definições Conceituais 117
1. Processo Legislativo 117
1.1. Definição 117
1.2. Espécies Normativas Primárias....................117
1.2.1. Emenda à Constituição 117
1.2.2. Lei Complementar 118
1.2.3. Lei Ordinária 119
1.2.4. Lei Delegada 119
1.2.5. Medida Provisória 120
1.2.6. Decreto Legislativo 120
1.2.7. Resolução....................121
1.3. Fases do Processo Legislativo das Leis Ordinárias e Leis Complementares 121
1.3.1. Iniciativa....................121
1.3.1.1. Espécies de Iniciativa....................121
1.3.2. Discussão e Votação 122
1.3.3. Sanção 122
1.3.3.1. Definição....................122
1.3.3.2. Espécies de Sanção 123

1.3.3.2.1. Sanção Expressa 123
1.3.3.2.2. Sanção Tácita (ou Implícita)..................123
1.3.3.2.3.Sanção Total..123
1.3.3.2.4. Sanção Parcial..123
1.3.4. Veto 123
1.3.4.1. Definição..123
1.3.4.2. Espécies de Veto 124
1.3.5. Promulgação 124
1.3.6. Publicação..124
1.4. *Vacatio legis*..125
1.5. O Princípio da Inescusabilidade do
Desconhecimento da Lei: 125
2. Revogação...126
2.1. Definição...126
2.2. Espécies de Revogação.....................................127
2.2.1. Revogação Total (ou Ab-rogação)..................127
2.2.2. Revogação Parcial (ou Derrogação)...............127
2.2.3. Revogação Expressa 127
2.2.4. Revogação Tácita (ou Implícita)....................127
2.3. Caso Concreto..128
3. Recepção 128
3.1. Definição...128
3.2. Caso Concreto..129
4. Repristinação:...129
II. Exercícios de fixação 130

BIBLIOGRAFIA...135

ÍNDICE DE ESQUEMAS ANALÍTICOS

Esquema Analítico I.1 – Caráter Enciclopédico e
Epistemológico da IED..16
Esquema Analítico II.1 – Teoria do Impulso Associativo
Natural e Teoria Contratualista 21
Esquema Analítico II.2 – Elementos do Estado..............23
Esquema Analítico II.3 – Ordenamento Social 24
Esquema Analítico II.4 – Instituições 25
Esquema Analítico II.5 – Ordenamento Social e
Ordenamento Jurídico...26
Esquema Analítico II.6 – Conceitos Usuais do Direito 27

Esquema Analítico IV.1 – Instrumentos de Controle Social...... 34
Esquema Analítico IV.2 – Direito e Moral 38
Esquema Analítico V.1 – Acepções do Vocábulo Direito.... 44
Esquema Analítico V.2 – Teoria Tridimensional do Direito 45
Esquema Analítico V.3 – Normas da Natureza e Normas da Cultura 47
Esquema Analítico VI.1 – Direito Positivo e Direito Natural 51
Esquema Analítico VI.2 – Direito Objetivo e Direito Subjetivo......... 52
Esquema Analítico VI.3 – Terias Sobre a Natureza do Direito Subjetivo......... 53
Esquema Analítico VI.4 – Direito Público e Direito Privado......... 54
Esquema Analítico VI.5 – Ramos do Direito......... 59
Esquema Analítico VII.1 – Fontes do Direito 65
Esquema Analítico VII.2 – Acepções do Vocábulo Lei 66
Esquema Analítico VII.3 – Espécies de Jurisprudência..... 67
Esquema Analítico VII.4 – Elementos do Costume Jurídico 70
Esquema Analítico VII.5 – Espécies de Costume Jurídico.. 71
Esquema Analítico VII.6 – Funções da Doutrina......72
Esquema Analítico VII.7 – Espécies de Princípios 75
Esquema Analítico VII.8 – Requisitos Para o Emprego da Analogia 76
Esquema Analítico VII.9 – Distinção entre Analogia e Interpretação Analógica......... 78
Esquema Analítico VIII.1 – Características da Norma Jurídica 87
Esquema Analítico IX.1 – Interpretação Quanto ao Sujeito......... 99
Esquema Analítico IX.2 – Interpretação Quanto ao Meio 104
Esquema Analítico IX.3 – Interpretação Quanto ao Resultado......106
Esquema Analítico IX.4 – Espécies de Argumento Jurídico 112
Esquema Analítico X.1 – Fases do Processo Legislativo das Leis Ordinárias e Complementares 126
Esquema Analítico X.2 – Espécies de Revogação......128

Capítulo I

A INTRODUÇÃO AO ESTUDO DO DIREITO COMO DISCIPLINA FUNDAMENTAL

I. DEFINIÇÕES CONCEITUAIS

1. Introdução ao Estudo do Direito (IED)

1.1. Definição

Trata-se de disciplina que tem por objetivo proporcionar ao estudante que se inicia nas primeiras linhas do Direito uma visão global da ciência que trata do fenômeno jurídico, propiciando, assim, a compreensão de conceitos comuns a todos os ramos do Direito.

1.2. Caráter Enciclopédico

O caráter enciclopédico da IED decorre do fato desta disciplina abordar conhecimentos científicos que abrangem diversos aspectos (sociológicos, históricos, filosóficos, jurídicos, políticos etc.) introdutórios ao estudo da ciência jurídica.

1.3. Caráter Epistemológico

Epistemologia significa teoria da ciência. Origina-se do grego *episteme*, que quer dizer ciência, e *logos*, que quer dizer teoria, estudo.

Pode-se mesmo afirmar que a IED é uma disciplina epistemológica, tendo em vista seguintes motivos gerais: a) por atuar propedeuticamente, isto é, preparando o aluno que se inicia no curso de Direito para o recebimento de conhecimentos específicos dos diversos ramos que integram o Direito; b) por definir, delimitar e classificar os conceitos fundamentais do Direito; c) por possibilitar ao estudante uma visão sintetizada da ciência jurídica.

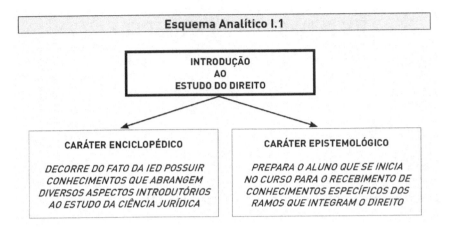

II. EXERCÍCIOS DE FIXAÇÃO

1. Defina IED:

Resposta: trata-se de disciplina que tem por objetivo proporcionar ao estudante que se inicia nas primeiras linhas do Direito uma visão global da ciência que trata do fenômeno jurídico, propiciando, assim, a compreensão de conceitos comuns a todos os ramos do Direito.

2. Explique o caráter enciclopédico da IED:

Resposta: a IED é uma enciclopédia por possuir conhecimentos científicos que abrangem diversos aspectos (sociológicos, históricos, filosóficos, jurídicos, políticos, etc.) introdutórios ao estudo da ciência jurídica.

3. O que é epistemologia?

Resposta: significa teoria da ciência. Origina-se do grego *episteme*, que quer dizer ciência, e *logos*, que quer dizer teoria, estudo.

4. Explique o caráter epistemológico da IED:

Resposta: a IED é uma disciplina epistemológica pelos seguintes motivos: por atuar propedeuticamente, isto é, preparando o aluno que se inicia no curso de Direito para o recebimento dos conhecimentos específicos dos diversos ramos que integram o Direito; por definir, delimitar e classificar os conceitos fundamentais do Direito; por possibilitar ao estudante uma visão sintetizada da ciência jurídica.

Capítulo II

DIREITO: NOÇÃO, CONCEITUAÇÃO E FINALIDADE SOCIAL

I. DEFINIÇÕES CONCEITUAIS

1. Introdução

Estudar e analisar a noção, a conceituação e a própria finalidade social do Direito é, antes de tudo, entender e compreender o gênero humano em suas inerentes características relacionais intrínsecas e sociopolíticas.

Neste contexto, é fundamental a percepção de que o homem, inserido em uma realidade notadamente dicotômica, constitui-se em um fenômeno dotado de nítida bipolaridade: o *ser existencial* e o *ser coexistencial*.

O ser existencial faz parte do chamado *mundo natural*, onde o homem constitui-se em apenas mais um aspecto vivo de uma realidade universal.

O ser coexistencial, por sua vez, insere-se no denominado *mundo cultural*, composto pela inteligência criativa do gênero humano e imposto pela realidade transformadora, dinâmica e dialética da natureza humana coletiva, onde o homem constitui-se em elemento de alteração, mudança e desenvolvimento de suas próprias condições de vida.

Da necessidade de compatibilização de ambas as realidades surgiu a base norteadora do que convencionamos chamar de *regramento*, objetivando, em última análise, limitar o aspecto existencial do homem, permitindo a sua convivência grupal e o seu pleno desenvolvimento social.

1.1. Noção de Direito

Admite-se conclusivamente que o referido mundo cultural é, independente de outras considerações, também uma imposição da realidade humana associativa (gregária), forjando a necessidade de um regramento disciplinador que viabilize a coexistência humana em sociedade e as atividades de cooperação e de concorrência.

Dentro desta linha de raciocínio, podemos afirmar que o Direito surge com o primeiro encontro entre dois homens, na qualidade de seres individuais, onde a autonomia, o individualismo, o egoísmo e a independência necessitavam de algum limite para propiciar uma convivência harmoniosa e plenamente efetiva.

Não obstante este Direito recém-nascido ser bem distinto da noção que conhecemos hoje, inegavelmente tal regramento disciplinador de condutas humanas já pode ser considerado conceitualmente como um Direito embrionário.

1.1.1. Origem das Sociedades e dos Agrupamentos Sociais

Muito embora não possamos deixar de reconhecer a existência de algumas controvérsias a respeito do tema, é fato que modernamente a doutrina mais festejada tem defendido a tese segundo a qual o homem possui, independentemente de outros fatores, uma necessidade instintiva e insuperável de associação, o que teria formado os primeiros agrupamentos sociais e, posteriormente, as sociedades primitivas. É a denominada *teoria do impulso associativo natural.*

Noutro polo, há as chamadas *teorias negativistas do impulso associativo natural,* as quais asseveram que a sociedade seria tão somente o produto de um acordo de vontades, ou seja, um contrato (hipotético) celebrado entre os homens.

1.1.2. Origem das Sociedades e dos Vínculos Sociais

É natural que o homem, desejoso de viver em comunidade, procure estabelecer associações a partir de algum tipo de identidade para com os seus semelhantes. Esta identidade natural que o impele a aproximar-se de outros é estabelecida, inicialmente, através da observação quanto à presença de vínculos comuns, tais como a identidade racial e, de uma forma mais complexa, as identidades linguísticas, religiosas, culturais etc.

Sendo inerente ao gênero humano a aproximação inicial com aquele que julga mais próximo, o agrupamento social que passa a ser estabelecido acaba por conceber a própria noção de vinculação social, dando origem ao vínculo maior da identidade nacional ou da nacionalidade (*gérmen* que origina a nação em seu conceito primitivo) e, posteriormente, até mesmo o conceito mais complexo de cidadania.

1.1.3. Sociedade, Nação e Estado

Se considerarmos a expressão agrupamento humano como a forma mais primitiva de associação humana e, no extremo oposto, o Estado como sua derivação mais complexa, podemos entender o fenômeno humano associativo como um conjunto básico de vinculações naturais, que se transmudam em vinculações sociais, originando, num primeiro momento, as sociedades, passando pelas nações e, a partir do estabelecimento de um território fixo, adicionado ao pacto pelo rompimento da prevalência do individual em nome do coletivo, concebendo-se um poder abstrato supremo denominado soberania, chegando-se, finalmente, aos Estados como modalidades últimas de agregação humana.

CAPÍTULO II – DIREITO: NOÇÃO, CONCEITUAÇÃO E FINALIDADE SOCIAL   21

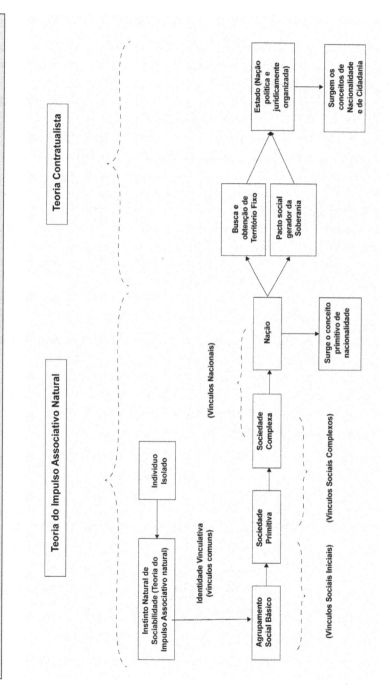

1.1.4. Conceito e Elementos do Estado

A par desta resumida concepção evolutiva, podemos conceituar o Estado como toda associação ou grupo de pessoas fixado sobre determinado território, dotado de poder soberano (soberania).

É, pois, o Estado, um agrupamento humano instalado num território definido, politicamente organizado, que, em geral, guarda a ideia de nação. Daí a construção do conceito sintético de Estado enquanto nação político-juridicamente organizada. Dissemos que o Estado, em geral, guarda a ideia de nação, porque nem sempre estes dois vocábulos conjugam-se para explicar determinados grupos sociais, embora, frequentemente, o Estado contenha o sentido de nação.

Com efeito, de um modo geral, o Estado é definido como a organização político-administrativo-jurídica do grupo social que ocupa um território fixo, possui um povo e está submetido a uma soberania, do que se extraem os seguintes elementos:

1.1.4.1. Território

Território, em sua concepção elementar, pode ser definido como a base física do Estado, na qual a soberania é exercida em sua plenitude. Sob o enfoque geográfico, o conceito de território abrange o solo, o subsolo, os rios, os lagos, as ilhas (marítimas, fluviais e lacustres), as baías, os golfos, os mares interiores, o mar territorial, bem como o espaço aéreo correspondente.

1.1.4.2. Povo

O termo povo engloba o somatório de nacionais no solo pátrio e no exterior, não se identificando, pois, com o conceito de população, que inclui os estrangeiros que se encontram no território estatal.

1.1.4.3. Soberania

Traduz-se no elemento abstrato do conceito de Estado, que permite a indispensável concreção aos elementos perceptíveis (povo e território).

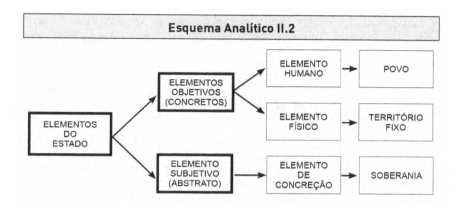

1.2. Ordenamento Social e Instituições

Independentemente da maior ou menor complexidade da organização humana, a necessidade de um regramento disciplinador, conforme já consignado, revelou-se fundamental para a viabilização da convivência humana.

Se, por um lado, o gênero humano necessita associar-se em diferentes níveis evolutivos de complexidade com outros de sua espécie para, em seguida, dominar e desenvolver suas próprias condicionantes de vida, por outro passou a necessitar de um crescente mecanismo de ordenação, capaz de resolver os inevitáveis conflitos, amoldando a individualidade inerente ao ser existencial à coletividade característica do ser coexistencial.

Assim, surge a noção de *ordenamento social*, traduzindo a ideia básica de prover ordem à sociedade, em todos os seus diferentes e possíveis estágios perceptivos.

O ordenamento social, por sua vez, encontra-se fundado em determinados alicerces, os quais atuam como autênticas fundações de onde são construídas as colunas que convencionamos denominar de *instituições* ou, em outras palavras, entidades fictícias em que o homem decidiu acreditar com o intuito de preservação individual e, principalmente, grupal.

Com efeito, podem e devem ser entendidas como *instituições básicas* aquelas imprescindíveis a todas as sociedades, independentemente de suas peculiaridades, e que correspondem às necessidades básicas de reprodução (família), manutenção (propriedade) e defesa (Estado) do gênero humano. Como *instituições secundárias*, citamos a igreja, a escola, o sindicato, o parlamento etc.

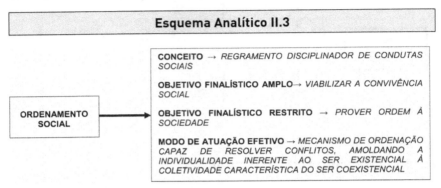

1.2.1. Família

A família é a instituição básica e pioneira que, durante toda a existência do homem civilizado, foi responsável pelo objetivo fundamental de reprodução da espécie humana, não obstante as suas amplas consequências de ordem sentimental, psicológica, moral, ética, educacional, religiosa, econômica, social e jurídica.

1.2.2. Propriedade

A propriedade, logo após a família, é considerada a segunda mais importante instituição.

Uma vez assegurada a necessidade de reprodução (perpetuação da espécie humana), resta fundamental garantir a manutenção da existência do homem, provendo-lhe os meios de desenvolvimento, o que somente pode ser realizado através da produção de bens e riquezas por intermédio da instituição da propriedade que, neste contexto analítico, pode ser privada (ou seja, inerente a cada indivíduo, como é o caso dos países capitalistas, como o Brasil) ou coletiva (relativa ao Estado, como detentor dos meios de produção, como são exemplos alguns países reputados socialistas, como Cuba, Coreia do Norte, China etc.).

1.2.3. Estado

Não obstante ser considerado apenas como a terceira instituição fundamental, o Estado, mais do que a família e a propriedade, representa a síntese institucional responsável (porém não exclusivamente) pela concretização do próprio Direito que é por ele produzido (Direito escrito) ou não (Direito costumeiro ou consuetudinário produzido difusamente pela sociedade), mas que pelo Ente Estatal é, em qualquer hipótese, assegurado e garantido.

Como visto, de um modo geral, o Estado pode ser conceituado como a organização político-administrativo-jurídica do grupo social que possui uma identidade nacional (povo), ocupa um território fixo e está submetido a uma soberania.

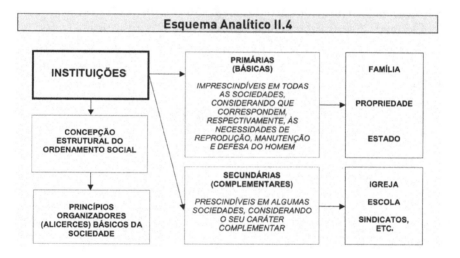

Esquema Analítico II.4

1.3. Ordenamento Social e Ordenamento Jurídico

O ordenamento social caracteriza-se pela efetiva existência de um conjunto harmônico de preceitos fundamentais que tem por objetivo padronizar as condutas individuais, realizando um genuíno processo de socialização, através de uma forma típica de controle social, em que a uniformização de atitudes de cada ser individual é concebida em benefício do ente coletivo, gerando uma conduta comum.

Todavia, na *praxis* cotidiana, nem sempre o objetivo de estabelecer uma conduta uniforme, que permita a plena viabilidade da coexistência (harmônica e pacífica) entre os seres individuais, é perseguido igualmente por todos os membros de uma coletividade, forjando a concepção conceitual da insociabilidade e da misantropia (aversão à sociedade e ao convívio social).

Neste exato momento, mais do que em qualquer outro, é que o ordenamento social se faz necessário, procurando estabelecer, ainda que de forma imperativa, o equilíbrio e as condições para a sobrevivência da sociedade organizada, através, sobretudo, da normatização.

A imposição de uma normatização técnica e própria para atingir especificamente este desiderato traduz o que convencionamos designar, em seu sentido amplo, por norma jurídica que, por sua vez, em seu conjunto, denominamos de ordenamento jurídico.

Destarte, é possível concluir que o ordenamento jurídico (onde se insere o conceito básico de Direito) nada mais é do que uma espécie do gênero ordenamento social, conforme se depreende do quadro abaixo.

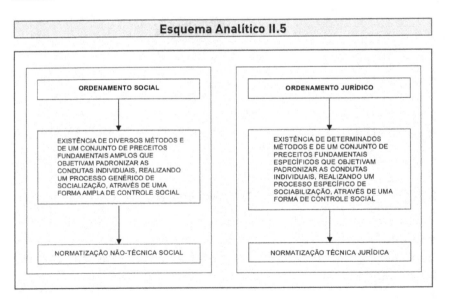

Esquema Analítico II.5

1.4. Conceito Específico de Direito

O vocábulo Direito, em sua acepção mais abrangente, pode ser empregado nos mais variados sentidos. Pode expressar o conjunto de regras jurídicas (Direito como norma, *norma agendi*, direito objetivo), assim como pode traduzir uma faculdade de exigibilidade de conduta (Direito como faculdade, *facultas agendi*, direito subjetivo). Também pode referir-se a um conjunto valorativo (valor do justo, da segurança, do bem comum) ou a uma ciência (do Direito).

Em uma conceituação ampla, o Direito também pode ser entendido como um fenômeno social, possibilitando, através de uma ordenação disciplinadora de condutas, as bases da convivência social.

Neste sentido particular, resta dizer que, não obstante o Direito atingir o seu apogeu através do surgimento do Estado, a existência do Direito, como conjunto de normas gerais e positivas, transcende em muito a este limitado elemento criador e irradiador de disciplinas normativas. Portanto, é correto concluir que o Direito não se constitui propriamente num monopólio do Estado, transcendendo, em muito, a esfera estatal.

Esquema Analítico II.6

CONCEITOS USUAIS DO DIREITO

- *ORDENAMENTO DA CONDUTA HUMANA EM SOCIEDADE POR MEIO DE NORMAS COERCITIVAMENTE IMPOSTAS PELO ESTADO E GARANTIDAS POR UM SISTEMA DE SANÇÕES*
- *REGRAS RESTRITIVAS DA LIBERDADE INDIVIDUAL EM PROL DO BEM-ESTAR COLETIVO*
- *FATOR DE EQUILÍBRIO NAS RELAÇÕES HUMANAS*
- *NÃO HÁ SOCIEDADE SEM DIREITO (E VICE-VERSA)*
- *O DIREITO ENCONTRA SEU FUNDAMENTO NA PRÓPRIA NATUREZA HUMANA (O HOMEM TENDE PARA O BEM E PARA O JUSTO)*

1.5. Finalidade Social do Direito

A par do conceito, importa esclarecer, ainda, a finalidade social do Direito. Se o Direito é, acima de tudo, ordenação viabilizadora da convivência humana, sua finalidade não poderia ser outra, senão a de permitir a própria existência de uma sociedade organizada em qualquer de seus níveis de complexidade: agrupamento social primitivo, sociedade propriamente dita, nação e Estado.

Não é por outro motivo que a doutrina tem registrado o Direito como um conjunto de regras obrigatórias que, limitando a atuação do ser individual em favor do ser coexistencial, objetiva viabilizar, através de estruturas e valores próprios, a convivência harmônica e produtiva em sociedade.

2. Direito e Efetividade Jurídica

Cabe assinalar que o Direito, isoladamente considerado, constitui-se numa realidade ficcional, desprovido, por sua vez, de qualquer efetividade inerente ao mundo fático.

Assim, o Direito somente se transforma em realidade efetiva na presença de indispensáveis elementos de concreção que, em princípio, são completamente estranhos à realidade jurídica.

Tais elementos são autênticos mecanismos de conversão, permitindo que o Direito possa se exteriorizar através de uma consequente percepção concreta derivada, que forneça a imprescindível sinergia à sua própria previsão teórica de sanção, provendo-lhe o necessário fator de credibilidade.

2.1. Estado como Principal Elemento de Concreção do Direito

Muito embora o Estado não seja o único elemento de concreção do Direito, é, sem dúvida, o principal polo de produção e efetivação do Direito, o que é realizado através da soberania, na qualidade de virtual instrumento de vinculação político-jurídica e elemento de formação e irradiação de poder político.

2.2. Efetivação da Soberania e Concretização Objetiva do Direito e da Realidade Jurídica

Conforme já afirmamos, a soberania constitui-se no elemento abstrato de formação do Estado, que se cristaliza através do sincero e mais íntimo desejo do conjunto de nacionais (povo) em conceber uma comunidade (nação) territorial onde a vontade individual ceda espaço para a imposição da vontade coletiva, por intermédio da caracterização de um poder constituinte (poder de constituir o Estado).

Não é por outra razão, portanto, que o conceito próprio e específico de poder constituinte, na qualidade de poder originário e institucionalizante, é comumente sintetizado como a expressão máxima da soberania nacional, numa evidente alusão ao objetivo último desta modalidade suprema de exteriorização teórica do poder político, que é exatamente a de transformar a nação num efetivo Estado.

A soberania, por efeito consequente, caracteriza o Estado, atribuindo-lhe um Direito interno ou, em outras palavras, dotando-o de instrumentos de regulação inerentes à vida de seus diversos integrantes, em princípio de forma legítima (consensual), ainda que, em sua ação prática, de modo compulsório.

De fato, embora o Direito forjado pela função legislativa do Estado seja consensual, isto é, resultante da vontade geral manifestada através dos representantes do povo em assembleia, é também obrigatório, ou seja, independe da vontade de cada indivíduo, o que decorre da prevalência da comunidade estatal sobre os seus componentes individualmente considerados.

Todavia, como a soberania também se constitui numa abstração, o Direito estatal que dela deriva, para realmente valer, de maneira genérica e obrigatória, necessita de algum tipo de elemento concreto, que tenha a capacidade de viabilizar a indispensável concreção do chamado *poder de império* (poder sobre todas as coisas no território estatal) e do denominado *poder de dominação* (poder sobre todas as pessoas no território estatal), inerentes ao poder político derivado da soberania. Este elemento de efetivação se traduz pela existência de uma força coerciva de natureza múltipla (política, econômica, militar e/ou psicossocial), mas que, de modo derradeiro, se perfaz por meio da existência de capacidade política no sentido amplo da expressão.

Desta feita, é lícito concluir que a soberania, embora inicialmente estabelecida por consenso, somente se efetiva com o necessário respaldo numa capacidade de força efetiva, em mãos do Estado, que seja facilmente perceptível pelos diversos indivíduos que compõem a comunidade social, transformando a inicial abstração da soberania numa acepção concreta, bem como a percepção ficcional do Direito numa realidade universal e visível.

Capítulo III

DIREITO E JUSTIÇA

I. DEFINIÇÕES CONCEITUAIS

1. A Ideia de Justiça

O vocábulo Direito, como vimos, comporta diversas abordagens, dentre as quais a sua consideração como exigência de *justiça*, acepção que revela, desde já, a indiscutível relação existente entre os dois termos. Mas abordar tal relação configura mesmo tarefa difícil.

E tal complexidade, cumpre assinalar, começa pelo próprio significado do termo justiça. Sintetizando algumas das concepções possíveis, PERELMAN (2000, p. 9) relata as seguintes:

a) Justiça é dar a cada um a mesma coisa.

b) Justiça é dar a cada um segundo os respectivos méritos e obras.

c) Justiça é dar a cada um o correspondente às suas necessidades.

d) Justiça é dar a cada um segundo a respectiva posição.

e) Justiça é dar a cada um o que a lei atribui.

MONTORO (2011, p. 163) adverte que, dentre os vários significados possíveis, duas acepções seriam fundamentais, referindo-se o autor à *justiça subjetiva* (enquanto qualidade de uma pessoa, isto é, virtude ou perfeição subjetiva) e à *justiça objetiva* (como qualidade de um determinado ordenamento social).

REALE (2002, p. 379), reconhecendo não ter alcançado qualquer ideia definitiva de justiça, aduz que *"(...) esta implica 'constante coordenação racional das relações intersubjetivas, para que cada um possa realizar livremente seus valores potenciais visando a atingir a plenitude de seu ser pessoal, em sintonia com os da coletividade".*

2. Justiça por Convenção, Justiça por Natureza, Justiça Distributiva e Justiça Comutativa

2.1. Justiça por Convenção

Justiça por convenção, como a própria expressão está a sugerir, é aquela assim considerada por pura convenção social. Significa dizer que a experiência humana e as relações sociais convencionam o que se entende por justo. Não se trata, como se pode perceber, de uma ideia universal ou imutável, tendo em vista que cada sociedade é influenciada por múltiplos fatores distintos. Assim, o que pode ser considerado justo nos países ocidentais pode ser entendido como injusto no Oriente.

Partindo da premissa segundo a qual as normas traduzem a convenção social acerca do que é justo, há que se reconhecer que o justo por convenção retrata exatamente aquilo que está conforme a norma.

2.2. Justiça por Natureza

Ao contrário da anterior, a justiça por natureza independe de qualquer convenção, sendo decorrente da própria natureza das coisas. É o que se denomina justo por natureza.

Cabe ressaltar que nem sempre as referidas concepções de justiça (por convenção e por natureza) equivalem-se. Vejamos um singelo exemplo: determinado objeto, de alto valor histórico, é negociado pelas partes envolvidas (vendedor e comprador) por um valor menor que o praticado no mercado, mas que foi assim convencionado. Mesmo insatisfeito com o preço baixo, o vendedor aceitou os termos contratuais. Diante deste quadro, é possível afirmar que o negócio foi justo por convenção, mas não o foi substancialmente (por natureza).

Obviamente, no presente caso, desde que não haja qualquer vício contratual, a justiça por convenção prevalecerá.

2.3. Justiça Distributiva

A justiça distributiva abarca a ideia de repartição de benefícios entre os membros da sociedade. Assim, é com base nela que o Estado aplica, em prol da coletividade, recursos públicos (obtidos através da arrecadação tributária, por exemplo) recolhidos segundo a capacitada individual de cada contribuinte.

2.4. Justiça Comutativa

Por justiça comutativa entende-se aquela que deve permear as trocas entre os membros da coletividade, sendo que cada um deve dar o correspondente ao que recebeu.

A ideia de justiça comutativa foi adotada pela Terceira Turma do Superior Tribunal de Justiça (Recurso Especial nº 436.853, julgado em 04.05.2006) a fim de solucionar o caso abaixo:

(...). o Estado deve, na coordenação da ordem econômica, exercer a repressão do abuso do poder econômico, com o objetivo de compatibilizar os objetivos das empresas com a necessidade coletiva. Basta, assim, a ameaça do desequilíbrio para ensejar a correção das cláusulas do contrato, devendo sempre vigorar a interpretação mais favorável ao consumidor, que não participou da elaboração do contrato, consideradas a imperatividade e a indisponibilidade das normas do CDC.

O juiz da equidade deve buscar a <u>justiça comutativa</u>, analisando a qualidade do consentimento.

  – *Quando evidenciada a desvantagem do consumidor, ocasionada pelo desequilíbrio contratual gerado pelo abuso do poder econômico, restando, assim, ferido o princípio da equidade contratual, deve ele receber uma proteção compensatória.*

  – *Uma disposição legal não pode ser utilizada para eximir de responsabilidade o contratante que age com notória má-fé em detrimento da coletividade, pois a ninguém é permitido valer-se da lei ou de exceção prevista em lei para obtenção de benefício próprio quando este vier em prejuízo de outrem.*

  – *Somente a preponderância da boa-fé objetiva é capaz de materializar o equilíbrio ou justiça contratual.*

  – *Recurso especial conhecido e provido.* (grifo nosso)

3. A Relação entre Direito e Justiça

Malgrado a existência de uma efetiva tensão entre as concepções de Direito e Justiça, forçoso reconhecer que o operador do Direito, em particular, e todos os demais cidadãos, em geral, encontram-se submetidos ao império da lei, o que, em última análise, objetiva assegurar outro valor fundamental, qual seja, a segurança jurídica.

Com efeito, devemos concluir não ser possível aceitar a aplicação daquilo que se convencionou chamar de Direito Alternativo, produzindo-se uma verdadeira subversão à ordem legal, na qualidade de garantidora da estabilidade social, criando-se, assim, um verdadeiro Direito paralelo, absolutamente divorciado das normas legais vigentes e da técnica jurídica própria, efetivamente vinculativa de sua correta interpretação.

Capítulo IV

O DIREITO COMO INSTRUMENTO DE CONTROLE SOCIAL

I. DEFINIÇÕES CONCEITUAIS

1. O Direito como Instrumento de Controle Social

Obviamente, a complexidade da vida em sociedade não poderia mesmo albergar a exclusividade do controle social nas mãos do Direito. Tendo em vista as peculiaridades das diversas relações sociais cotidianamente mantidas, outros mecanismos assumem parte desta tarefa, pois se apenas o Direito, com suas características próprias, dentre as quais se destaca o poder de coerção, existisse com tal finalidade, as relações sociais seriam absolutamente engessadas.

Com efeito, a afirmação acima deixa nítida a importância conferida a outros instrumentos, os quais, juntamente com o Direito, possuem o mesmo propósito: viabilizar e condicionar a vivência do homem na sociedade. Tais instrumentos são a religião, a moral e as regras de trato social.

2. Outros Instrumentos de Controle Social

2.1. Religião

A religião, enquanto instrumento de controle social, procura agregar, harmonicamente, o homem a Deus, funcionando como poderoso obstáculo às ações humanas, contribuindo para o seu aprimoramento interior. Os *Dez Mandamentos* da Bíblia, por exemplo, atuam sobre os cristãos como verdadeira Lei Divina.

A religião, portanto, busca a harmonia do espírito, ao passo que o Direito dirige-se à convivência no plano terrestre.

Há que se destacar, ainda, a grande influência exercida pela religião na elaboração do Direito. De fato, sendo a religião um fenômeno social universal, forçoso reconhecer que a construção dos sistemas jurídicos seja fortemente influenciada por ela, exatamente o que acontece, por exemplo, nos países islâmicos.

2.2. Regras de Trato Social

2.2.1. Definição

Regras de trato social são padrões de conduta formatados pela sociedade e que se propõem a tornar a atmosfera social mais amena, por imposição da própria comunidade social. Assim, ao cumprirmos uma regra de trato social sujeitamos o nosso comportamento às exigências ditadas pelo grupo. Neste sentido é a lição de REALE (2002, p. 56):

> *"Há, na sociedade, outra categoria de regras que são seguidas por força do costume, de hábitos consagrados, ou, como impropriamente se diz, em virtude de 'convenção social'. São as normas de trato social, que vão desde as regras mais elementares do decoro às mais refinadas formas de etiqueta e de cortesia".*

Assim, ao impedirmos o fechamento da porta do elevador, a fim de aguardarmos outras pessoas que se dirigem ao mesmo equipamento, o fazemos em atenção a uma regra de trato social imposta pela sociedade, cuja inobservância não implicará em qualquer sanção de natureza jurídica, mas certamente ensejará rejeição social em relação ao que não esperou o ingresso das demais pessoas.

2.2.2. Características das Regras de Trato Social

As características das regras de trato social são:

a) *Aspecto social*: objetivam tornar, como dito, o ambiente social mais agradável.

b) *Exterioridade*: relevam o lado exterior do comportamento humano, nada considerando quanto ao íntimo de cada indivíduo.

c) *Unilateralidade*: não há como exigir o cumprimento de uma regra de trato social.

d) *Heteronomia*: a observância de uma regra de trato social implica na sujeição do "querer" individual ao "querer" alheio, exatamente como ocorre em relação às normas do Direito.

e) *Incoercibilidade*: as regras de trato social não são dotadas de poder de coerção; logo, diferentemente que ocorre em relação às normas do Direito, não há como impor a alguém o seu cumprimento.

f) *Sanção difusa*: aquele que viola uma regra de trato social é sancionado de forma difusa, podendo, inclusive, haver rejeição por parte do grupo social.

2.3. Moral

O termo ética (feminino substantivado do adjetivo ético; do grego *ethikós*, pelo latim *ethicu*) traduz, em sua acepção abrangente, o estudo dos juízos de apreciação referente à conduta humana suscetível de qualificação do ponto de vista do *bem* e do *mal*, seja relativamente a determinada sociedade, seja de modo absoluto (*cf. Novo Dicionário Aurélio de Língua Portuguesa*, 2. ed., revista e ampliada, Ed. Nova Fronteira, 1986, p. 733).

Sob esta ótica, é obrigatório deduzir que, em certas situações, o conceito amplo de ética, como valor da coletividade, em suas variadas expressões, abrange não só a denominada *moral social* (conjunto de costumes e convenções sociais), como igualmente o próprio Direito.

As *normas éticas*, tais como as *normas morais* e as *normas jurídicas*, estruturam-se como um juízo de dever ser específico, ou seja, afiguram-se estruturalmente como uma percepção interpretativa de um determinado fato social, por intermédio de uma valoração subjetiva inerente ao mundo cultural, produzindo, em consequência, uma previsão normativa comportamental.

Daí, exatamente, o seu atributo (comum à moral e ao Direito) de imperatividade, ou seja, a regra transgredida fixa a responsabilidade do seu transgressor, prevendo os comportamentos previsíveis do gênero humano e estabelecendo normativamente os parâmetros e limites de sua atuação na sociedade.

Como normas éticas que são, é possível estabelecer as seguintes distinções entre Direito e moral:

a) Quanto ao conteúdo: o Direito é determinado, a moral não possui forma concreta; o Direito é bilateral, a moral é unilateral; o Direito é exterior, a moral é interior; o Direito é heterônomo, a moral é autônoma; o Direito é coercível, a moral é incoercível.

b) Quanto ao objetivo a ser alcançado: o Direito visa a garantir a ordem social; a moral visa o aperfeiçoamento humano.

Cumpre assinalar, por fim, a influência que a moral pode exercer sobre o Direito. Assim dispõe, por exemplo, o art. 1.638, III, do Código Civil:

Art. 1.638. Perderá por ato judicial o poder familiar o pai ou a mãe que:
- castigar imoderadamente o filho;
- deixar o filho em abandono;
*- praticar **atos contrários à moral** e aos bons costumes;*
- incidir, reiteradamente, nas faltas previstas no artigo antecedente.
(grifo nosso)

Esquema Analítico IV.2	
DIREITO	**MORAL**
A) NORMAS DE CONDUTA INSPI-RADAS NA ORDEM MORAL, DE NATUREZA PREDOMINANTEMEN-TE EXTERNA, DESTINADA A VIABI-LIZAR A COEXISTÊNCIA HUMANA	**A)** NORMAS DE CONDUTA DESTINA-DAS A ESTABELECER UMA ORDEM MORAL ENTRE OS ATOS TENDEN-TES À CONSECUÇÃO DO BEM, COMO FIM MATERIAL DO HOMEM
B) POSSUI SANÇÃO EXTERIOR, QUE POR VIA COERCITIVA IMPÕE O SEU RESPEITO	**B)** DOTADA APENAS DE COERÇÃO MORAL (REMORSO, CONSTRANGI-MENTO ETC.)
C) EXISTÊNCIA DE FORÇA EFE-TIVA QUE SE MATERIALIZA EM PROVIDÊNCIAS PRÁTICAS (PRO-CESSO, PENHORA, ETC)	**C)** INEXISTÊNCIA DE FORÇA EFE-TIVA
D) UMA VEZ EDITADAS, AS NOR-MAS DE DIREITO SE DESTACAM DAS MORAIS QUE AS FUNDA-MENTARAM	**D)** INSPIRA AS REGRAS DO DIREITO (VIVER HONESTAMENTE; NÃO PRE-JUDICAR OS OUTROS; DAR A CADA UM O QUE É SEU)
E) É UM MÍNIMO DE MORAL EXI-GÍVEL	**E)** É MAIS AMPLA QUE O DIREITO
F) BILATERAL	**F)** UNILATERAL

3. Direito, Moral e Teorias dos Círculos

Acerca da relação existente entre Direito e moral, há as seguintes teorias:

3.1. Teoria dos Círculos Concêntricos

Trata-se de teoria formulada por BENTHAM, segundo o qual a ordem jurídica estaria totalmente incluída no campo da moral, afirmação da qual se extraem duas conclusões: a) o campo da moral seria mais amplo que o do Direito; b) o Direito estaria completamente subordinado à moral.

Tal teoria pode ser representada por dois círculos concêntricos, sendo o maior pertencente à moral.

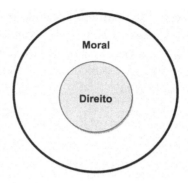

3.2. Teoria dos Círculos Secantes

Trata-se de teoria desenvolvida por DU PASQUIER, segundo o qual o Direito e a moral possuiriam uma área comum e, ao mesmo tempo, um espaço particular e independente (inerente a cada um).

É, a nosso ver, a teoria mais adequada quanto à relação entre Direito e moral, pois realmente há regras do Direito que não possuem qualquer relação com a moral (e vice-versa). Como exemplo, podemos pensar na norma do Código de Trânsito Brasileiro (Lei nº 9.503/97) que impõe o tráfego de veículos pela direita. É de se questionar: qual é o conteúdo moral de tal regra? Resposta: absolutamente nenhum.

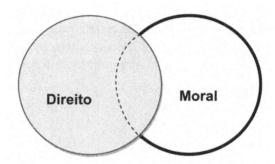

3.3. Teoria dos Círculos Independentes

KELSEN, diferentemente das concepções defendidas por BENTHAM (teoria dos círculos concêntricos) e por DU PASQUIER (teoria dos círculos secantes), entendia que nenhum ponto de contato haveria entre Direito e moral, sendo estes dois sistemas completamente independentes entre si. Para o festejado jurista, a norma jurídica seria o único elemento essencial ao Direito, cuja validade não dependeria de conteúdos morais.

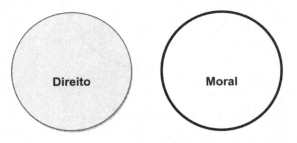

3.4. Teoria do Mínimo Ético

Coube a JELLINEK a elaboração da teoria do mínimo ético, segundo o qual o Direito representaria o mínimo de preceitos morais necessários ao bem-estar da sociedade. Como nem todos os membros da coletividade desejam cumprir espontaneamente as regras morais, surge a necessidade de se produzir elementos de coerção, capazes de assegurar um regramento ético, produzindo a essência da normatização jurídica.

Assim, à luz desta teoria, o Direito estaria totalmente incluído no campo da moral, podendo ser traduzida também pela ideia de círculos concêntricos, sendo o maior correspondente à moral e o menor inerente ao Direito.

II. EXERCÍCIOS DE FIXAÇÃO

1. Explique a teoria dos círculos concêntricos:

Resposta: trata-se de teoria formulada por BENTHAM, segundo o qual a ordem jurídica estaria totalmente incluída no campo da moral, afirmação da qual se extraem duas conclusões: a) o campo da moral seria mais amplo que o do Direito; b) o Direito estaria completamente subordinado à moral.

2. Explique a teoria dos círculos secantes:

Resposta: trata-se de teoria desenvolvida por DU PASQUIER, segundo o qual o Direito e a moral possuiriam uma área comum e, ao mesmo tempo, um espaço particular e independente.

3. Explique a teoria dos círculos independentes:

Resposta: KELSEN, diferentemente das concepções defendidas por BENTHAM (teoria dos círculos concêntricos) e por DU PASQUIER (teoria dos círculos secantes), entendia que nenhum ponto de contato haveria entre Direito e Moral, sendo mesmo dois sistemas completamente independentes. A norma jurídica seria o único elemento essencial ao Direito, cuja validade não dependeria de conteúdos morais.

4. Explique a teoria do mínimo ético:

Resposta: coube a JELLINEK a elaboração da teoria do mínimo ético, segundo o qual o Direito representaria o mínimo de preceitos morais necessários ao bem-estar da sociedade. O Direito estaria totalmente incluído no campo da moral.

Capítulo V

DIREITO COMO CIÊNCIA

I. DEFINIÇÕES CONCEITUAIS

1. Direito como Ciência

Apesar de haver posição contrária, predomina na atualidade o entendimento segundo o qual o Direito é uma ciência autônoma.

Com efeito, enquanto ciência, o Direito abarca uma linguagem própria, reveladora de um vocabulário muito especial, consistente em definições, teorias e classificações diversas, cabendo ressaltar, ainda, que muitas palavras encontram, no Direito, significados completamente distintos, razão pela qual o intérprete, ao analisar o texto legal a fim de lhe extrair o significado (interpretação da lei), deve atentar para as especificidades conceituais existentes na ciência do Direito.

DINIZ (2000, p. 217) adota a seguinte classificação:

1.1. Ciência do Direito em Sentido Amplo

Para a referida autora, a expressão em tela corresponderia a qualquer estudo metódico, sistemático e fundamentado dirigido ao Direito, abrangendo a Sociologia Jurídica, a História do Direito, etc.

1.2. Ciência do Direito em Sentido Estrito

Em sentido estrito, a ciência do Direito, nas precisas palavras de DINIZ (2000, p. 217), consistiria:

> *"(...) no pensamento tecnológico que busca expor, metódica, sistemática e fundamentadamente as normas vigentes de determinado ordenamento jurídico-positivo, e estudar os problemas relativos a sua interpretação e aplicação, procurando apresentar soluções viáveis para os possíveis conflitos, orientando como devem ocorrer os comportamentos procedimentais que objetivam decidir questões conflitivas".*

2. Acepções do Vocábulo Direito

Várias são as acepções possíveis para o vocábulo Direito, dentre as quais podemos citar:

2.1. Direito como Ciência do Direito

Enquanto verdadeira ciência, o Direito abrange o estudo, a sistematização e a interpretação das normas jurídicas integrantes de determinado ordenamento jurídico.

2.2. Direito como Justiça

Direito, nesta concepção, nos conduz à ideia de justiça, que, em essência, apresenta apenas um dos valores basilares do Direito, ao lado da segurança jurídica, da ordem, do bem comum, dentre outros.

2.3. Direito como Direito Subjetivo

Neste aspecto, o Direito é entendido enquanto Direito Subjetivo, figura que pode ser representada pela fórmula **X** tem direito a **Y**, ou seja, implica a confrontação de sujeitos que ostentam posições contrapostas: a possibilidade de exigir algo de um (**X**) e o dever de atender inerente a outro (**Y**).

Exemplo: *"Tenho direito à liberdade; logo, todos devem se abster de atentar contra o meu direito".*

2.4. Direito como Direito Potestativo

É aquele que confere ao respectivo titular, mediante ato próprio de vontade, e em certas situações, a possibilidade de gerar efeitos jurídicos, atingindo, inclusive, terceiras pessoas, que não poderão se opor.

Exemplo: o art. 1.804 do Código Civil, que confere ao herdeiro o direito (potestativo) de aceitar ou não a herança.

> *Art. 1.804. Aceita a herança, torna-se definitiva a sua transmissão ao herdeiro, desde a abertura da sucessão.*
> *Parágrafo único. A transmissão tem-se por não verificada quando o herdeiro renuncia à herança.*

2.5. Direito como Correção de Atitude

Trata-se de expressão que sinaliza a atuação de acordo com as regras vigentes, ou seja, conforme o Direito.
Exemplo: *"O que você está fazendo não é direito".*

2.6. Direito como Ordenamento Jurídico

Neste enfoque o termo Direito é visto não como norma isolada, mas, sim, como um amplo conjunto de normas (ordenamento jurídico).
Exemplo: *"O Direito brasileiro não prevê punição para o suicídio".*

2.7. Direito como Fenômeno Social

Direito é um fenômeno social, pois somente existe na sociedade, disciplinando-a e possibilitando a convivência humana.

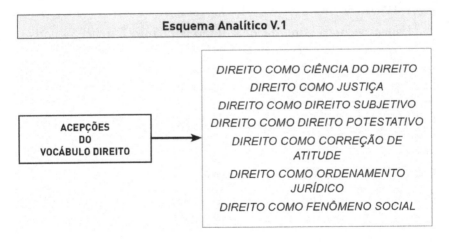

3. Teoria Tridimensional do Direito

Não obstante toda a sorte de considerações que permitem uma verdadeira multiplicidade de pontos de vista a respeito do Direito, é fato que, em seu caráter estrutural, a denominada ciência jurídica apresenta-se através de uma nítida feição tridimensional.

Com efeito, a realidade do Direito, como já dizia REALE (2002, p. 65) é trivalente:

"(...) onde quer que haja um fenômeno jurídico, há sempre e necessariamente, um fato subjacente (fato econômico, geográfico, demográfico, de ordem técnica etc.); um valor, que confere determinada significação a esse fato, inclinando ou determinando a ação dos homens no sentido de atingir ou preservar certa finalidade ou objetivo; e, finalmente, uma regra ou norma, que representa a relação ou medida que integra um daqueles elementos ao outro, o fato ao valor; (...)". (grifo nosso)

De forma resumida, a tridimensionalidade do Direito, conforme arquitetada por REALE, apresenta-se do seguinte modo:

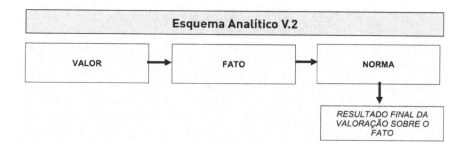

4. Direito e Sociedade

O Direito não existe por si só; não é um fim em si mesmo. Ao contrário, existe em função da vida social, do homem. O ser humano, como se sabe, é um ser naturalmente gregário (associativo). O homem não existe; ele coexiste.

Assim, as pessoas, espontaneamente, agregam-se a outras, formando os denominados grupos sociais, do que resultam as chamadas relações sociais, de variadas tonalidades (relações de coordenação, relações de subordinação etc.), o que, não raro, acarreta conflitos. É preciso, então, estabelecer normas de conduta, sem as quais a vida em sociedade seria absolutamente inviável. Conforme leciona DINIZ (2000, p. 242):

"Somente as normas de direito podem assegurar as condições de equilíbrio imanentes à própria coexistência dos seres humanos, proporcionando a todos e a cada um o pleno desenvolvimento das suas

virtualidades e a consecução e gozo de suas necessidades sociais, ao regular a possibilidade objetiva das ações humanas".

Com efeito, uma das finalidades do Direito é favorecer o amplo relacionamento entre as pessoas e os grupos sociais, exatamente uma das bases do progresso da sociedade.

Assim, ao separar o *lícito* do *ilícito*, o *legal* do *ilegal*, empregando, para tanto, valores que o próprio corpo social institui, o Direito possibilita a existência dos denominados laços de cooperação, estabelecendo as limitações necessárias ao equilíbrio nas relações sociais.

Daí o brocardo latino *ubi societas, ibi jus*, vale dizer, *"onde está a sociedade, está o Direito".* Por outro lado, a vida em sociedade, sem os ditames do Direito, seria desastrosa e anárquica, razão pela qual se afirma que o Direito é a grande coluna que sustenta a sociedade.

5. Normas da Natureza e Normas da Cultura

Para a perfeita compreensão do Direito enquanto ciência cultural é fundamental estabelecer a distinção entre as normas derivadas da simples observação da natureza daquelas emanadas da percepção intelectual e criativa do homem.

Assim, a partir da observação de fatos da natureza, o homem descreve determinadas normas que retratam, através de uma *percepção objetiva*, a explicação lógica relativa aos fenômenos naturais, concebendo o denominado *juízo de realidade*.

Neste particular, é cediço deduzir que os corpos providos de massa "caem" (na verdade dirigem-se ao centro do planeta), em função de uma construção normativa, cuja síntese aponta para a explicação teórica da lei da gravitação universal através de leis concebidas pelo homem por intermédio de uma valoração objetiva da realidade fática inerente ao denominado mundo do ser, em que a participação humana é sempre dirigida objetivamente à explicação dos fenômenos inerentes ao mundo como ele de fato se apresenta, sem qualquer consideração subjetiva, uma vez que seu único objetivo é extrair juízos perceptivos de realidade, criando normas físicas com o intuito de sedimentar (e desenvolver) os conhecimentos adquiridos.

Todavia, a partir da observação dos fatos sociais o homem descreve determinadas normas que refletem, através de uma *percepção subjetiva*, não a explicação lógica inerente ao mundo natural, mas, ao contrário, a valoração efetiva derivada da realidade cultural, produzindo normas de cultura derivadas de um *juízo de valor*.

As normas da natureza, inerentes ao juízo de realidade, como se pode facilmente deduzir, são estudadas pelas chamadas ciências naturais. Já as normas da cultura, inerentes ao juízo de valor, ao contrário, correspondem às denominadas ciências culturais.

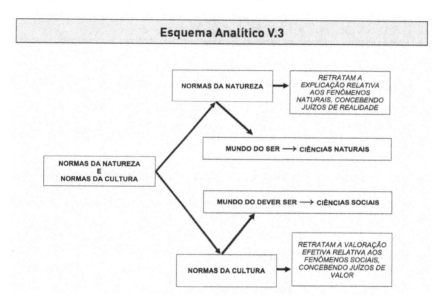

6. O Papel do Legislador na Elaboração do Direito

Sabemos que o Direito é criado para reger a vida social. No passado, manifestava-se exclusivamente através dos costumes (norma não escrita produzida pelo corpo social), sendo, portanto, mais sensível à influência da vontade coletiva. No entanto, modernamente, a formulação do Direito, de um modo geral, é conferida ao Poder Legislativo, ao qual compete a função de estabelecer as regras vigentes, observando, para tanto, a realidade social.

Assim, deve o legislador estar atento às demandas sociais, antecipando-se aos fatos, valorando e regulamentando aqueles que necessitam da tutela do Direito. Cabe ao legislador ter em mente que a elaboração das normas deve refletir os costumes, os anseios, as necessidades sociais, enfim, os diversos fatores (sociais, históricos, políticos, econômicos, culturais, geográficos etc.) existentes numa determinada sociedade. Portanto, não basta reproduzir, através do Direito legislado, normas existentes em outras sociedades, desconsiderando totalmente os fatores próprios de uma comunidade.

II. EXERCÍCIOS DE FIXAÇÃO

1. O Direito é uma ciência? Ou é apenas o objeto de uma ciência?

Resposta: apesar de haver posição contrária, predomina na atualidade o entendimento segundo o qual o Direito é uma ciência autônoma.

2. Cite algumas acepções possíveis para o vocábulo Direito:

Resposta: Direito como Ciência do Direito; Direito como Justiça; Direito como Direito Subjetivo; Direito como Direito Potestativo; Direito como Correção de Atitude; Direito como Ordenamento Jurídico; Direito como Fenômeno Social.

3. Explique a relação entre Direito e sociedade:

Resposta: o Direito está em função da vida social. Sua finalidade é favorecer o amplo relacionamento entre as pessoas e os grupos sociais, uma das bases do progresso da sociedade. Ao separar o *lícito* do *ilícito*, o *legal* do *ilegal*, empregando, para tanto, valores que o próprio corpo social estabelece, o Direito possibilita a existência dos denominados laços de cooperação, estabelecendo as limitações necessárias ao equilíbrio nas relações sociais.

4. Explique o papel do legislador na elaboração do Direito:

Resposta: o Direito é criado para reger a vida social. No passado, manifestava-se exclusivamente através dos costumes (norma não escrita produzida pelo corpo social), sendo, portanto, mais sensível à influência da vontade coletiva. No entanto, modernamente, a formulação do Direito, de um modo geral, é conferida ao Poder Legislativo, ao qual compete a função de estabelecer as regras vigentes, observando, para tanto, a realidade social.

Capítulo VI

DEFINIÇÕES FUNDAMENTAIS DO DIREITO

I. DEFINIÇÕES CONCEITUAIS

1. Direito Positivo

Direito Positivo pode ser conceituado como o conjunto de normas estabelecidas com o fim de regular a vida em sociedade. É o Direito cuja elaboração depende da vontade humana, revelando-se através da forma escrita (lei) ou consuetudinária (costume jurídico). É, ainda, o Direito institucionalizado e efetivamente observado, passível de ser imposto coercitivamente, sendo encontrado em leis, códigos, tratados, costumes, decretos, etc.

2. Direito Natural

Direito Natural pode ser conceituado como o conjunto de princípios (e não de normas) de caráter universal, permanente e imutável.

Com efeito, o Direito Natural, por refletir exigências sociais da natureza humana, comuns a todos os homens, não seria dependente de qualquer ato de vontade, estando acima e além da história, podendo ser conhecido por todos (cognoscibilidade do Direito Natural).

Ademais, seria válido no espaço social como um todo, independentemente do lugar (universalidade do Direito Natural), não sendo sua validade afetada por qualquer lei, ao passo que o Direito Positivo, sendo fruto de obra humana, seria histórico e válido em espaços geográficos determinados (ou determináveis), podendo perder a sua validade por decisão legislativa do Estado.

Esquema Analítico VI.1	
DIREITO POSITIVO	**DIREITO NATURAL**
A) DIREITO TEMPORAL E ESPA-CIAL. CONJUNTO DE REGRAS ESCRITAS OU COSTUMEIRAS EM CERTO LOCAL E TEMPO (KELSEN)	*A) ORDENAMENTO SUPREMO, IDEAL E CONSTANTE E QUE DE-TERMINA O DIREITO POSITIVO. DIREITO PREEXISTENTE E QUE SE CONVERTE EM DIREITO POSI-TIVO, MODIFICANDO-O E APER-FEIÇOANDO-O*
B) ORDENAMENTO JURÍDICO DA SOCIEDADE POLÍTICA	*B) NORMA IDEAL, DA QUAL O DIREITO POSITIVO TENDE A SE APROXIMAR*
C) DIREITO VIGENTE E PRODU-ZIDO SEGUNDO CONDIÇÕES SOCIAIS DA ÉPOCA E TÉCNICA LEGISLATIVA ESPECÍFICA (HER-MES LIMA)	*C) DIREITO CUJA INOBSERVÂN-CIA AFETA A PRÓPRIA NATUREZA HUMANA*
D) DIREITO DECLARADO, PROTE-GIDO E REALIZADO PELO ESTA-DO, DOTADO DE ELEMENTOS DE COERÇÃO	*D) DIREITO SUBENTENDIDO E DESPROVIDO DE COERÇÃO ES-TATAL*

3. Direito Objetivo

Direito objetivo é o conjunto de normas jurídicas que regulam o comportamento humano, geralmente prescrevendo uma sanção para o caso de sua violação. Denomina-se *norma agendi* (norma de agir), a qual todos devem se submeter.

4. Direito Subjetivo

Para TELLES JÚNIOR (2002, p. 255/256), direito subjetivo é a permissão, dada por meio de norma jurídica válida, decorrente do direito objetivo, para fazer ou não fazer alguma coisa, para ter ou não ter algo ou, ainda, a autorização para exigir, por meio dos órgãos competentes do poder público ou por meio de processos legais, em caso de prejuízo causado pela violação da norma, o cumprimento da norma infringida ou a reparação do mal sofrido. Como exemplo de direito subjetivo, podemos citar: direito de exigir o pagamento do que lhe é devido. Trata-se, assim, da faculdade de fazer valer o direito objetivo.

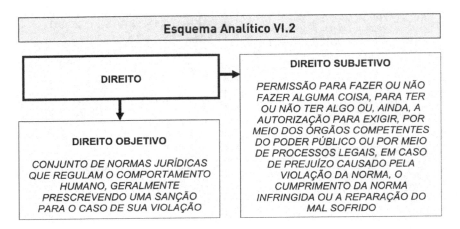

Sobre a natureza do direito subjetivo, resumimos as seguintes teorias e respectivas objeções que lhe foram dirigidas:

4.1. Teoria da Vontade

A teoria da vontade, formulada por SAVIGNY e WINDSCHEID entende o direito subjetivo como poder da vontade reconhecido pelo ordenamento jurídico.

A crítica que se dirige a este posicionamento reside no fato de que há direito subjetivo mesmo quando ausente qualquer vontade por parte do titular. Os menores incapazes, por exemplo, ostentam direito de propriedade.

Aliás, pode haver direito subjetivo ainda que o titular o desconheça.

4.2. Teoria do Interesse Juridicamente Protegido

Em resumo, a teoria em destaque, formulada por IHERING na sempre lembrada obra *L'esprit du Droit Romain*, define direito subjetivo como sendo um interesse (utilidade, vantagem ou proveito) juridicamente protegido por meio de uma ação judicial, definição que envolveria um elemento de natureza material (o interesse) e outro de índole formal (a proteção do interesse pelo Direito).

A crítica que se dirige à citada teoria reside no fato de que a essência do direito subjetivo não reside no interesse. Este, na realidade, apenas expressa o objeto em razão do qual o direito subjetivo existe.

4.3. Teoria Mista

Também pretendendo apontar a natureza do direito subjetivo, JELLINEK definiu-o como sendo o poder da vontade reconhecido e protegido pelo ordenamento jurídico, tendo por objeto um bem ou interesse.

Observa-se que a teoria em questão conjuga, na definição de direito subjetivo, dois elementos: vontade e interesse protegido, razão pela qual é denominada de teoria mista.

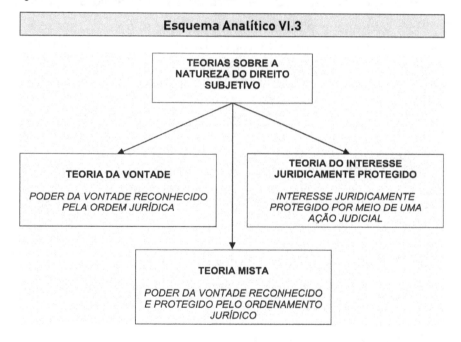

5. Direito Público e Direito Privado

Sendo o Direito um conjunto de normas, cumpre registrar a sua tradicional divisão em dois grandes ramos, distinção que remonta à época dos romanos.

Esquema Analítico VI.4	
DIREITO PÚBLICO	**DIREITO PRIVADO**
A) *REGULA A ATIVIDADE DO ESTADO, INVESTIDO DO PODER DE IMPÉRIO*	**A)** *PRESIDE AS RELAÇÕES COM INDIVÍDUOS*
B) *TRATA DA RELAÇÃO DO ESTADO COM OUTROS ESTADOS E ENTRE O ESTADO E OS INDIVÍDUOS*	**B)** *TRATA DA RELAÇÃO DOS INDIVÍDUOS ENTRE SI*

5.1. Ramos do Direito Público e Principais Codificações

Trata-se o direito público de ramo em que se observa, nas relações jurídicas travadas, a presença do Estado e a predominância do interesse público. Rege, ainda, as relações entre os diversos Estados, bem como entre o Estado (atuando com o seu poder soberano) e o indivíduo.

GUSMÃO (2000, p. 146) assevera que no direito público o *"(...) Estado se apresenta como portador de potestade suprema, investido de imperium (...)"*.

MONTEIRO (2003, p. 9) aduz que *"Direito público é aquele destinado a disciplinar os interesses gerais da coletividade"*.

O tronco do direito público pode ser desdobrado em *direito público interno* e *direito público externo*.

5.1.1. Ramos do Direito Público Interno

Elencamos aqui, sem pretensão exaustiva, apenas os principais ramos do direito público interno.

5.1.1.1. Direito Constitucional

É o conjunto de normas que trata da estrutura e organização fundamental do Estado brasileiro, disciplina que se baseia, primordialmente, na Constituição da República Federativa do Brasil, de 5 de outubro de 1988, assim sistematizada: Título I – Dos Princípios Fundamentais; Título II – Dos Direitos e Garantias Fundamentais;

Título III – Da Organização do Estado; Título IV – Da Organização dos Poderes; Título V – Da Defesa do Estado e das Instituições Democráticas; Título VI – Da Tributação e do Orçamento; Título VII – Da Ordem Econômica e Financeira; Título VIII – Da Ordem Social; Título IX – Das Disposições Constitucionais Gerais.

No dizer de SILVA (2000, p. 36), Direito Constitucional é *"(...) o ramo do Direito Público que expõe, interpreta e sistematiza os princípios e normas fundamentais do Estado"*.

Com efeito, o principal objeto de estudo do Direito Constitucional é a Constituição Federal de 1988.

5.1.1.2. Direito Processual Penal

TOURINHO FILHO (2004, p. 13) assim define o Direito Processual Penal:

> *"Podemos conceituá-lo como (...) conjunto de normas e princípios que regulam a aplicação jurisdicional do Direito Penal objetivo, a sistematização dos órgãos de jurisdição e respectivos auxiliares, bem como da persecução penal".*

O principal diploma legal é o Código de Processo Penal (Decreto-Lei nº 3.689/41, com as diversas alterações empreendidas ao longo do tempo).

5.1.1.3. Direito Processual Civil

Conforme leciona THEODORO JÚNIOR (2010, p. 2), o Direito Processual Civil é aquele que atua como principal instrumento do Estado para o exercício do poder jurisdicional, abarcando normas e princípios básicos que subsidiam os diversos ramos do Direito Processual, como um todo, cuja aplicação faz-se, por exclusão, a todo e qualquer conflito não abrangido pelos demais processos.

O principal diploma legal é o Código de Processo Civil (Lei nº 13.105/15).

5.1.1.4. Direito Penal

De acordo com BITENCOURT (2011, p. 32), Direito Penal é o *"(...) conjunto de normas jurídicas que tem por objeto a determinação de infrações de natureza penal e suas sanções correspondentes – penas e medidas de segurança".*

A principal diploma legal é o Código Penal (Decreto-Lei n° 2.848/40, com as diversas alterações empreendidas ao longo do tempo).

5.1.1.5. Direito Administrativo

Para DI PIETRO (1999, p. 52), Direito Administrativo é:

> ***"(...) o ramo do direito público que tem por objeto os órgãos, agentes e pessoas jurídicas administrativas que integram a Administração Pública, a atividade jurídica não contenciosa que exerce e os bens de que se utiliza para a consecução de seus fins, de natureza pública".*** (Destaque da autora)

A legislação administrativa não se encontra codificada. Compõe--se de diversas leis esparsas e relativas aos mais variados temas do Direito Administrativo. Como exemplo, citamos a Lei n° 8.112/90, que dispõe sobre o regime jurídico dos servidores públicos civis da União, das autarquias e das fundações públicas federais.

5.1.1.6. Direito Tributário

De acordo com a lição de MACHADO (2006, p. 71), Direito Tributário é o *"(...) ramo (...) que se ocupa das relações entre o fisco e as pessoas sujeitas a imposições tributárias de qualquer espécie, limitando o poder de tributar e protegendo o cidadão contra os abusos desse poder".*

A principal diploma legal é o Código Tributário Nacional (Lei n° 5.172/66, com as diversas alterações empreendidas ao longo do tempo).

5.1.2. Ramos do Direito Público Externo

5.1.2.1. Direito Internacional Público

Trata-se do conjunto de normas (convencionais ou costumeiras) que regulam as relações entre Estados e Organismos Internacionais (Organização das Nações Unidas – ONU, Organização Mundial do

Comércio – OMC, Organização Mundial da Saúde – OMS, Organização Internacional do Trabalho – OIT etc.).

Como exemplo, podemos citar a Convenção de Viena sobre o Direito dos Tratados, concluída em Viena, em 25.05.69, e aprovada no Brasil pelo Decreto Legislativo nº 496, de 17.07.09.

5.1.2.2. Direito Internacional Privado

Trata-se do conjunto de normas (convencionais ou costumeiras) que regulam as relações entre Estados e cidadãos pertencentes a outros Estados, estabelecendo soluções para o denominado conflito de leis no espaço, ou seja, controvérsias que, não raro, decorrem dos múltiplos (e distintos) ordenamentos estatais existentes no cenário internacional.

O principal diploma legal é a Lei de Introdução às Normas do Direito Brasileiro (Decreto-Lei nº 4.657/42), notadamente os arts. 8º ao 19.

5.2. Ramos do Direito Privado e Principais Codificações

No direito privado predomina o interesse privado, encontrando-se as partes em igualdade de condições. Rege, assim, relações entre particulares.

Os ramos do direito privado são:

5.2.1. Direito Civil

Trata-se do direito privado por excelência. Com efeito, o Direito Civil, nas palavras de DINIZ (2000, p. 276), é aquele que *"Rege as relações familiares, patrimoniais e obrigacionais que se formam entre indivíduos encarados como tais, ou seja, enquanto membros da sociedade"*. É o ramo do direito privado que procura reger as relações cotidianas do ser humano.

O principal diploma legal é o Código Civil (Lei nº 10.406/02, com as diversas alterações empreendidas ao longo do tempo), assim sistematizado:

a) *Parte Geral*: Livro I – Das Pessoas; Livro II – Dos Bens; Livro III – Dos Fatos Jurídicos; e b) *Parte Especial*: Livro I – Do Direito das Obrigações; Livro II – Do Direito de Empresa; Livro III – Do

Direito das Coisas; Livro IV – Do Direito de Família; Livro V – Do Direito das Sucessões; Livro Complementar – Das Disposições Finais e Transitórias.

5.2.2. Direito Empresarial

Direito Empresarial é aquele que *"Disciplina a atividade negocial do comerciante e de qualquer pessoa, física ou jurídica, destinada a fins de natureza econômica, desde que habitual e dirigida à produção de resultados patrimoniais"* (DINIZ, 2000, p. 277).

O principal diploma legal é o Código Civil (Lei nº 10.406/02), notadamente o Livro II da Parte Especial – Do Direito de Empresa.

5.3. Direito Misto (ou Social) e Principais Codificações

Embora haja divergência doutrinária (REALE, 2002, p. 352), entendemos que o Direito do Trabalho e o Direito Previdenciário possuem natureza mista, pois apresentam características inerentes ao direito público e, igualmente, ao direito privado, o que, em nenhuma hipótese, desautoriza a grande divisão (em dois ramos) apresentada acima.

5.3.1. Direito do Trabalho

Trata o Direito do Trabalho de regulamentar as relações trabalhistas, isto é, aquelas travadas entre empregado e empregador, abrangendo, ainda, normas jurídicas referentes à organização do trabalho e da produção.

O principal diploma legal é a Consolidação das Leis do Trabalho (CLT – Decreto-Lei nº 5.452/43, com as diversas alterações empreendidas ao longo do tempo).

5.3.2. Direito Previdenciário

Em relação ao Direito Previdenciário, importa mencionar a Lei nº 8.212/91, que dispõe sobre a Seguridade Social, bem com a Lei nº 8.213/91, que versa sobre os planos de benefícios da Previdência Social.

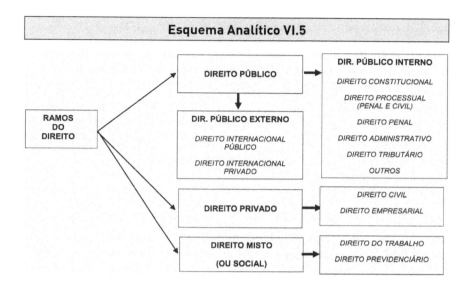

6. Teoria do Ordenamento Jurídico

6.1. O Direito como Sistema de Normas

Trata-se o ordenamento jurídico de um conjunto de normas ou regras. Há, ainda, outras designações passíveis de serem atribuídas à mesma expressão, tais como: arcabouço jurídico do Estado; sistema de legalidade do Estado; organização da sociedade através do Direito.

6.2. Características

Sendo o ordenamento jurídico um verdadeiro sistema de normas, cumpre analisar as seguintes características:

6.2.1. Coerência

O Direito, enquanto sistema normativo, coerentemente não deve possuir contradições (antinomias) entre as normas que o integram. Por exemplo: uma norma não pode mandar fazer o que outra proíbe.

6.2.2. Completude

Significa dizer que o sistema normativo não possui lacunas, uma vez que, qualquer que seja a hipótese, haverá sempre regulação. Tal conclusão pode ser extraída a partir do art. 4º da Lei de Introdução às Normas do Direito Brasileiro (*"Quando a lei for omissa, o juiz decidirá o caso de acordo com a analogia, os costumes e os princípios gerais de direito"*) e do art. 126 do CPC (*"O juiz não se exime de sentenciar ou despachar alegando lacuna ou obscuridade da lei"*).

6.2.3. Unidade

Significa dizer que todas as normas que integram determinado sistema normativo podem ser reconduzidas a uma única norma, aquela que KELSEN denominou de norma fundamental. Graficamente, KELSEN identifica o ordenamento jurídico de forma piramidal, estando a norma fundamental no topo.

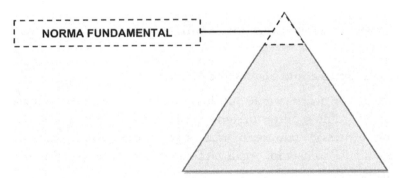

6.3. Princípio do Entrelaçamento

As normas jurídicas que integram o ordenamento jurídico não se encontram isoladas, mas, sim, interligadas e entrelaçadas, constituindo um todo harmônico. As normas, como as pessoas, não vivem isoladas, mas em conjunto e, como consequência, formam o que se denomina ordenamento jurídico.

6.4. Princípio da Fundamentação

As normas fundam-se ou derivam de outras normas, constituindo uma linha de descendentes sucessivos a partir de um ascendente comum (norma fundamental), na qual as demais normas (normas fundadas) buscam as respectivas validades.

7. A Lei de Introdução às Normas do Direito Brasileiro

A Lei de Introdução às Normas do Direito Brasileiro (Decreto-Lei nº 4.657/42, com a denominação dada pela Lei nº 12.376/10), traduz-se num importantíssimo diploma legal, servindo de verdadeiro norte orientador da aplicação da norma jurídica e do ordenamento jurídico como um todo. Compõe-se de dezenove artigos, assim resumidos:

a) Arts. 1º e 2º: versam sobre o início da obrigatoriedade das leis, tratando, ainda, acerca da vigência das normas jurídicas.

b) Art. 3º: estabelece a impossibilidade de se alegar o desconhecimento (ignorância) da lei para não cumpri-la.

c) Art. 4º: elenca os procedimentos de integração das lacunas (analogia, costumes e princípios gerais do Direito).

d) Art. 5º: aponta critérios a serem adotados quando da interpretação da norma jurídica.

e) Art. 6º: trata do Direito intertemporal, enfatizando que *"A Lei em vigor terá efeito imediato e geral, respeitados o ato jurídico perfeito, o direito adquirido e a coisa julgada".*

f) Arts. 7º ao 19: estabelece normas a respeito do Direito Internacional Privado, tratando de questões relativas à pessoa e à família, aos bens, às obrigações, à sucessão, à competência da autoridade judiciária brasileira, à comprovação de fatos sucedidos no estrangeiro, à comprovação da legislação estrangeira, à execução da sentença proferida no estrangeiro, à ineficácia, no Brasil, de leis, atos e sentenças de outro país, bem como quaisquer declarações de vontade, quando ofenderem a soberania nacional, a ordem pública e os bons costumes, à competência das autoridades consulares brasileiras no estrangeiro.

II. EXERCÍCIOS DE FIXAÇÃO

1. Defina Direito Positivo:

Resposta: Direito Positivo pode ser conceituado como o conjunto de normas estabelecidas pelo poder político com vistas a regular a vida em sociedade. É o Direito cuja elaboração depende da vontade humana, revelando-se através da forma escrita (lei) ou consuetudinária (costume jurídico). É, ainda, o Direito institucionalizado, efetivamente observado, passível de ser imposto coercitivamente, sendo encontrado em leis, códigos, tratados, costumes, decretos, etc.

2. Defina Direito Natural:

Resposta: Direito Natural pode ser conceituado como o conjunto de princípios (e não de normas) de caráter universal, permanente e imutável. O Direito Natural, por refletir exigências sociais da natureza humana, comuns a todos os homens, não seria dependente de qualquer ato de vontade, estando acima e além da história, podendo ser conhecido por todos (cognoscibilidade do Direito Natural).

3. Defina Direito Objetivo:

Resposta: é o conjunto de normas jurídicas que regulam o comportamento humano, geralmente prescrevendo uma sanção para o caso de sua violação.

Denomina-se *norma agendi* (norma de agir), a qual todos devem se submeter.

4. Defina Direito Subjetivo:

Resposta: é a permissão, dada por meio de norma jurídica válida, decorrente do direito objetivo, para fazer ou não fazer alguma coisa, para ter ou não ter algo ou, ainda, a autorização para exigir, por meio dos órgãos competentes do poder público ou por meio de processos legais, em caso de prejuízo causado pela violação da norma, o cumprimento da norma infringida ou a reparação do mal sofrido. Como exemplo de direito subjetivo, podemos citar: direito de exigir o pagamento do que lhe é devido. Trata-se, assim, da faculdade de fazer valer o direito objetivo.

5. Defina Ordenamento Jurídico:

Resposta: trata-se o ordenamento jurídico de um conjunto de normas ou regras. Há, ainda, outras designações passíveis de serem atribuídas à mesma expressão, tais como: arcabouço jurídico do Estado; sistema de legalidade do Estado; organização da sociedade através do Direito.

Capítulo VII

FONTES DO DIREITO

I. DEFINIÇÕES CONCEITUAIS

1. Definição de Fontes do Direito

A palavra fonte, proveniente do latim *fons, fontis,* quer dizer nascente de água. Portanto, o termo em questão, juridicamente, seria a origem do Direito, isto é, os modos de formação e revelação das normas jurídicas. REALE (2002, p. 140) assevera que:

> *"Por 'fonte do direito' designamos os processos ou meios em virtude dos quais as regras jurídicas se positivam com legítima força obrigatória, isto é, com vigência e eficácia no contexto de uma estrutura normativa".*

Cabe ressaltar que diversas classificações acerca das fontes do Direito são apresentadas pela doutrina, sendo certo que não há uniformidade nos modos de expressá-las. Nada obstante, apresentamos a seguinte sistematização:

2. Classificação das Fontes do Direito

As fontes do Direito, a nosso ver, classificam-se em: a) fontes materiais (reais ou de produção) e b) fontes formais (ou de conhecimento).

2.1. Fontes Materiais (Reais ou de Produção)

Fontes materiais são os fatores (sociais, políticos, históricos, econômicos, culturais etc.) que determinam a elaboração do Direito.

2.2. Fontes Formais (ou de Conhecimento)

As fontes formais são os meios através dos quais o Direito é conhecido, revelado. Podem ser subdivididas em: a) fontes formais estatais e b) fontes formais não estatais.

2.2.1. Fontes Formais Estatais

As fontes formais estatais são a lei, os tratados internacionais e a jurisprudência.

2.2.2. Fontes Formais Não Estatais

As fontes formais não estatais são o costume, a doutrina, os princípios gerais do Direito, a analogia e o contrato.

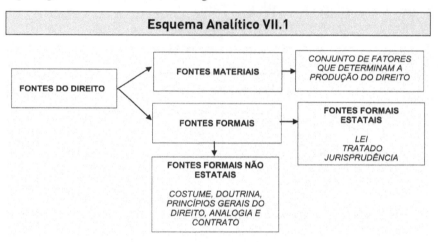

3. A Lei como Principal Fonte Formal Estatal

3.1. Acepções do Vocábulo Lei

3.1.1. Lei em Sentido Amplíssimo

No caso, o termo lei é empregado como sinônimo de norma jurídica, incluindo quaisquer normas escritas ou não escritas (costumeiras). Significa, portanto, norma geral de conduta.

3.1.2. Lei em Sentido Amplo

Trata-se de expressão menos ampla do que a anterior, englobando apenas as normas jurídicas escritas (constituição, lei complementar, lei ordinária, medida provisória, lei delegada, decreto legislativo, resolução, decreto etc.).

3.1.3. Lei em Sentido Estrito

Neste sentido, o vocábulo lei compreende apenas o preceito emanado do Poder Legislativo, elaborado e aprovado no âmbito de sua competência, produzido por meio do processo legislativo constitucional e regimentalmente previsto. Assim, quando o art. 1º do CP prescreve que não há crime sem *lei* anterior que o defina, está empregando a palavra *lei* em sentido estrito.

3.2. Princípio da Obrigatoriedade da Lei

Significa que a lei, uma vez publicada e em vigor, deve ser observada por todos. Assim, dispõe o art. 3º da Lei de Introdução às Normas do Direito Brasileiro: *"Ninguém se escusa de cumprir a lei, alegando que não a conhece"*.

4. Tratados Internacionais

O tratado internacional, segundo a lição de REZEK (2002, p. 14), é *"(...) todo acordo formal concluído entre sujeitos de direito internacional público, e destinado a produzir efeitos jurídicos"*.

Diante de tal definição, não há como negar a posição dos tratados (convenções, pactos, acordos, etc.) enquanto fonte formal estatal do Direito, notadamente o Direito Internacional.

5. Jurisprudência

5.1. Definição

É a coletânea de decisões proferidas pelos juízes ou tribunais sobre determinada matéria jurídica.

5.2. Espécies de Jurisprudência

5.2.1. Jurisprudência *secundum legem*
Limita-se a interpretar o texto legal.

5.2.2. Jurisprudência *praeter legem*
Desenvolve-se na falta de regras específicas, preenchendo as lacunas existentes na lei.

5.2.3. Jurisprudência *contra legem*
Forma-se contra as disposições legais. Esta última espécie não é aceita por alguns juristas, sob o argumento de que o juiz não pode criar o Direito, mas somente interpretá-lo. Outros, no entanto, admitem-na como fonte do Direito, argumentando que o juiz não é um autômato, não estando preso às amarras da lei. Entendemos incorreta esta última posição.

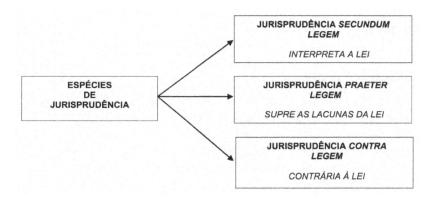

Esquema Analítico VII.3

5.3. Súmulas

São enunciados que resumem as teses consagradas em reiteradas decisões judiciais.

Exemplo:

> **Súmula 610 do STF**
>
> *Há crime de latrocínio, quando o homicídio se consuma, ainda que não realize o agente a subtração patrimonial de bens.*

5.4. Súmulas Vinculantes

Prevê o art. 103-A, *caput*, da CF, acrescentado pela Emenda Constitucional (EC) nº 45/04:

> *O Supremo Tribunal Federal poderá, de ofício ou por provocação, mediante decisão de dois terços dos seus membros, após reiteradas decisões sobre matéria constitucional, aprovar súmula que, a partir de sua publicação na imprensa oficial, terá efeito vinculante em relação aos demais órgãos do Poder Judiciário e à administração pública direta e indireta, nas esferas federal, estadual e municipal, bem como proceder à sua revisão ou cancelamento, na forma estabelecida em lei.*
> *(...).* (grifo nosso)

Exemplo:

> **Súmula Vinculante nº 11**
>
> *Só é lícito o uso de algemas em casos de resistência e de fundado receio de fuga ou de perigo à integridade física própria ou alheia, por parte do preso ou de terceiros, justificada a excepcionalidade por escrito, sob pena de responsabilidade disciplinar, civil e penal do agente ou da autoridade e de nulidade da prisão ou do ato processual a que se refere, sem prejuízo da responsabilidade civil do Estado.*

6. Costume Jurídico

6.1. Definição

Costume é a norma não escrita, criada espontaneamente pela sociedade, sendo oriunda da prática constante, reiterada e uniforme de determinado comportamento, tudo aliado à convicção social acerca de sua necessidade.

Configura o costume, portanto, um comportamento uniforme e constante decorrente da convicção de sua obrigatoriedade e necessidade jurídica.

O costume jurídico não se confunde com as regras de trato social. A distinção reside justamente na força obrigatória e na necessidade jurídica, elementos encontrados apenas naquele.

A prova do costume incumbe a quem o alega, não sendo aplicável, no caso, o princípio *iura novit curia* (ao juiz é vedado desconhecer a lei).

6.2. Elementos do Costume

A partir da definição supra, pode-se afirmar que o costume possui dois elementos constitutivos, a saber:

6.2.1. Elemento Interno (ou Espiritual)

É a convicção, por parte dos membros da comunidade, de que a norma consuetudinária é juridicamente necessária.

6.2.2. Elemento Externo (ou Material)

É a repetição através do uso geral, uniforme e constante por parte dos membros de uma determinada sociedade. Tal elemento nasce com a constância da repetição dos mesmos atos, cuja formação é lenta, longa e sedimentária. Nesse sentido, adverte BITENCOURT (2011, p. 162) que a ausência de tal convicção reduz o costume a um *"(...) simples uso social, sem o caráter de exigibilidade"*.

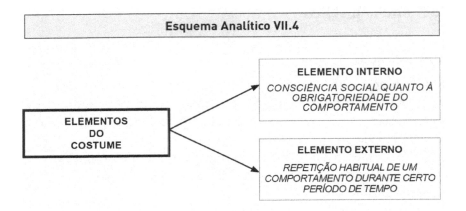

6.3. Espécies de Costume

Os costumes admitem duas espécies:

6.3.1. Costume *secundum legem*

É o costume conforme a lei, servindo como instrumento de interpretação. Está previsto na lei, que reconhece a sua eficácia e aplicabilidade. O costume *secundum legem*, por exemplo, reveste-se de grande importância quando da interpretação de determinados conceitos e expressões contidos em dispositivos penais que estabelecem condutas criminosas (modelos de comportamentos proibidos), possibilitando, assim, que o intérprete possa ajustá-los à realidade social, razão pela qual é plenamente admitido pela doutrina.

Exemplo: o art. 155, § 1º, do CP, autoriza a aplicação de uma causa especial de aumento de pena (um terço) quando o furto for cometido durante o *repouso noturno*, expressão que, a toda evidência, demanda uma análise da ambiência e dos costumes locais.

Exemplo: o Código Civil de 2002, no seu art. 569, II, estabelece que o locatário é obrigado a pagar pontualmente o aluguel nos prazos ajustados e, em falta de ajuste, segundo o costume do lugar.

6.3.2. Costume *praeter legem*

Há, ainda, o costume *praeter legem*, figura que, nos termos do art. 4º da Lei de Introdução às Normas do Direito Brasileiro, funciona como mecanismo de suprimento de eventual lacuna, tendo nítido caráter supletivo. Cumpre registrar, no entanto, a absoluta impossibilidade de se empregar tal categoria a fim de suprir eventual deficiência da redação de um dispositivo penal incriminador determinada conduta.

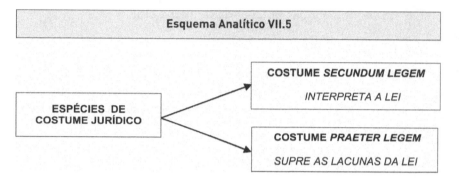

6.4. Costume e Princípio da Legalidade Penal

Tendo em vista o império do princípio da legalidade penal ("*Não há crime sem lei anterior que o defina, não há pena sem prévia cominação legal*"), pode-se afirmar a absoluta impossibilidade de se criar, no Brasil, condutas criminosas através do costume jurídico. É o que se depreende do art. 5º, XXXIX, da CF e art. 1º do CP.

7. Doutrina

7.1. Definição

O termo em tela advém de *doctrina*, que procede do verbo *doceo*, que significa ensinar, instruir. É comum encontrarmos, a fim de designar a palavra doutrina, as seguintes expressões: *Direito dos Juristas* e *Direito Científico* (denominação adotada por SAVIGNY).

Consiste numa forma analítica, expositiva e esclarecedora do Direito, feita geralmente pelo jurista, a quem compete de um modo geral o estudo aprofundado da ciência, não havendo nada que impeça que o material jurídico seja analisado por outras áreas do conhecimento humano, o que certamente contribuirá em muito para o engrandecimento do Direito.

É a opinião comum dos jurisconsultos sobre determinada matéria jurídica (*communis opinio doctorum*), manifestada através das diversas obras jurídicas (compêndios, livros, artigos, teses etc.).

7.2. Funções da Doutrina

De um modo geral, as funções da doutrina são:

7.2.1. Função Crítica

Neste particular, a doutrina funciona como elemento de aprimoramento do texto jurídico, na medida em que lhe aponta críticas, sugerindo, por via de consequência, modificações a serem estabelecidas pelo Poder Legislativo.

7.2.2. Função Interpretativa

A doutrina exerce fundamental papel quanto à interpretação do texto jurídico, fixando o seu sentido e alcance.

7.2.3. Função Inspiradora

Não raro ocorre que, a partir das críticas e sugestões doutrinárias, o legislador sinta-se inspirado a modificar (ou até mesmo a revogar) determinado material jurídico.

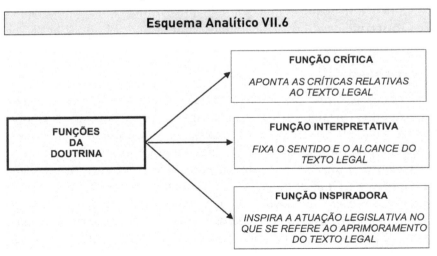

CAPÍTULO VII - FONTES DO DIREITO 73

8. Princípios Gerais do Direito

8.1. Definição

Princípios, para REALE (2002, p. 305):

> *"(...) 'são verdades fundantes' de um sistema de conhecimento, como tais admitidas, por serem evidentes ou por terem sido comprovadas, mas também por motivo de ordem prática de caráter operacional, isto é, como pressupostos exigidos pelas necessidades da pesquisa e da* **praxis**".

Princípios são alicerces sobre os quais se funda o Direito. Pode-se afirmar que são verdadeiros cânones que não foram especificados, explicitamente, pelo elaborador do texto jurídico, mas que permeiam o ordenamento, inspirando e embasando a criação de toda e qualquer norma, inclusive a própria Constituição.

8.2. Espécies de Princípios

A doutrina costuma classificar os princípios em:

8.2.1. Princípios Expressos

Aqueles que se encontram expressamente previstos no ordenamento jurídico.

Exemplo: o princípio da dignidade da pessoa humana (art. 1º, *caput*, III, da CF), tantas vezes invocado pelo Supremo Tribunal Federal (STF) para decidir questões jurídicas diversas, como a relativa à união civil entre pessoas do mesmo sexo, conforme se depreende do trecho abaixo, referente à Ação de Descumprimento de Preceito Fundamental nº 132, julgada em 05.05.2011:

> *(...). O sexo das pessoas, salvo disposição constitucional expressa ou implícita em sentido contrário, não se presta como fator de desigualação jurídica. Proibição de preconceito, à luz do inciso IV do art. 3º da Constituição Federal, por colidir frontalmente com o objetivo constitucional de "promover o bem de todos". Silêncio normativo da Carta Magna a respeito do concreto uso do sexo dos indivíduos como saque da kelseniana "norma geral negativa", segundo a qual "o que não estiver juridicamente proibido, ou obrigado, está juridicamente permitido". <u>Reconhecimento do direito à preferência sexual como direta emanação do princípio da "dignidade da pessoa humana"</u>: direito a autoestima no mais elevado ponto da consciência do indivíduo. Direito à busca da felicidade.*
>
> *(...). Ante a possibilidade de interpretação em sentido preconceituoso ou discriminatório do art. 1.723 do Código Civil, não resolúvel à luz dele próprio, faz-se necessária a utilização da técnica de "interpretação conforme à Constituição". Isso para excluir do dispositivo em causa qualquer significado que impeça o reconhecimento da união contínua, pública e duradoura entre pessoas do mesmo sexo como família. Reconhecimento que é de ser feito segundo as mesmas regras e com as mesmas consequências da união estável heteroafetiva.* (grifo nosso)

8.2.2. Princípios Implícitos

Aqueles que, embora não estão previstos expressamente na legislação, podem ser extraídos a partir do sistema normativo, sendo admitidos pela doutrina e jurisprudência.

Exemplo: o princípio da insignificância (ou da bagatela). Embora não previsto expressamente na legislação penal brasileira, a Segunda Turma do STF aplicou o princípio da insignificância para decidir o *Habeas Corpus* nº 112.505, julgado em 29.05.2012, afastando a existência de crime:

CAPÍTULO VII - FONTES DO DIREITO   75

Habeas corpus. 2. Furto. Bem de pequeno valor (R$ 68,64). Mínimo grau de lesividade da conduta. 3. <u>Aplicação do princípio da insignificância. Possibilidade</u>. Precedentes. 4. Antecedentes criminais. Irrelevância de considerações de ordem subjetiva. 5. Ordem concedida. (grifo nosso)

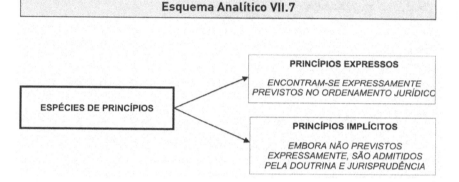

9. Analogia

9.1. Definição

Consiste em se aplicar, a uma hipótese não prevista pelo legislador, a solução por ele apresentada para caso semelhante à hipótese não disciplinada.

Esquematicamente, o emprego da analogia pode ser assim explicado:

Caso X → disciplinado pela norma jurídica **Y** → não há lacuna
Caso Z → não disciplinado pelo Direito → há lacuna
Caso Z é semelhante ao **Caso X**
↓
Solução → aplica-se (analogicamente) a norma jurídica **Y** ao **Caso Z**

9.2. Requisitos para o Emprego da Analogia

A aplicação da analogia requer os seguintes requisitos:

9.2.1. Lacuna

É preciso, em primeiro lugar, verificar se o caso apresentado não foi disciplinado pelo Direito, ou seja, se há efetivamente uma lacuna.

9.2.2. Semelhança

Além do requisito anterior, a aplicação de uma regra existente no ordenamento jurídico a um caso não regulamentado exige a constatação de semelhança entre as duas hipóteses. Assim, de acordo com o esquema acima, deve existir semelhança entre os casos **X** e **Z**.

9.2.3. Mesma Razão de Decidir

É preciso, ainda, que as mesmas razões que levaram o intérprete a decidir o caso **X**, aplicando, para tanto, a regra **Y**, estejam presentes na decisão a ser tomada quanto ao caso lacunoso (caso **Z**), que também sofrerá a incidência da regra **Y**.

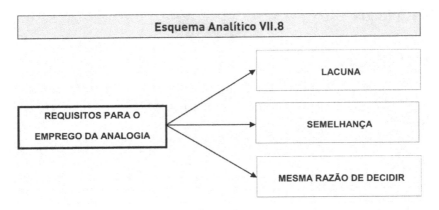

9.3. Analogia e Direito Penal

Nada obsta que se empregue a analogia em matéria penal. No entanto, de acordo com o entendimento pacífico da doutrina e da jurisprudência, tal somente poderá ocorrer para beneficiar o réu. Trata-se, assim, da denominada analogia *in bonam partem* (analogia benéfica), não se admitindo, no caso, a analogia *in malam partem* (analogia prejudicial).

Tendo em vista o princípio da legalidade penal (art. 5º, XXXIX, da CF e art. 1º do CP), em nenhuma hipótese a analogia poderá ser aplicada para responsabilizar penalmente alguém que tenha cometido uma conduta que apenas é semelhante à prevista na lei como criminosa.

Confira-se, a propósito, o que decidiu a Segunda Turma do STF no *Habeas Corpus* nº 97.261, julgado em 12.04.2011, quando se entendeu pela impossibilidade de se aplicar o raciocínio analógico (prejudicial) em matéria penal e, por consequência, afastou-se a existência de crime no conhecido desvio de sinal de TV a cabo:

(...). O sinal de TV a cabo não é energia, e assim, não pode ser objeto material do delito previsto no art. 155, § 3º, do Código Penal. Daí a impossibilidade de se equiparar o desvio de sinal de TV a cabo ao delito descrito no referido dispositivo. <u>Ademais, na esfera penal não se admite a aplicação da analogia para suprir lacunas, de modo a se criar penalidade não mencionada na lei (analogia in malam partem), sob pena</u> de violação ao princípio constitucional da estrita legalidade. precedentes.
Ordem concedida. (grifo nosso)

9.4. Analogia e Interpretação Analógica

Como vimos, analogia é forma de integração, de preenchimento de lacunas existentes na lei. Assim, nos termos do art. 4º da Lei de Introdução às Normas do Direito Brasileiro, *"Quando a lei for omissa, o juiz decidirá o caso de acordo com a analogia, os costumes e os princípios gerais do direito".*

A interpretação analógica, por sua vez, consiste na busca da vontade da norma, o que se dá pela análise das fórmulas usadas pelo legislador. Neste caso, não há lacuna, pois o próprio legislador sinaliza a possibilidade de se aplicar tal espécie de interpretação.

Exemplo: matar alguém, mediante paga ou promessa de recompensa, configura crime de homicídio qualificado (art. 121, § 2º, inciso I, do CP). No entanto, de acordo com o referido dispositivo do Código Penal, não somente a paga e a promessa de recompensa, mas também qualquer *"outro motivo torpe"*, possibilitam a incidência da mesma qualificadora. O legislador, ao fazer uso da expressão por nós colocada entre aspas, demonstrou a sua intenção de abarcar, também como qualificadora do crime de homicídio, toda e qualquer motivação que, sendo semelhante às expressamente citadas (paga e promessa de recompensa), sejam igualmente torpes (repugnantes, ignóbeis, nojentos, asquerosos).

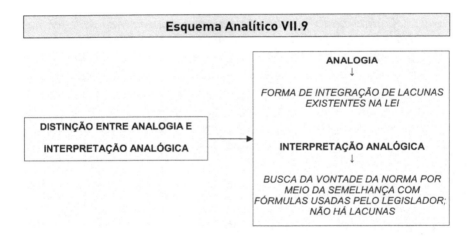

9.5. Caso Concreto

A respeito do efetivo emprego judicial da analogia, confira-se o que decidiu a Segunda Turma do STF no *Habeas Corpus* nº 100.103, julgado em 04.05.2010:

> *(...). 1. A intimação do acórdão do habeas corpus impetrado ao STJ se efetivou pelo Diário de Justiça, muito embora se tratasse de réu preso, sem formação jurídica e atuando em causa própria. 2. O paciente preso não poderia ter conhecimento da intimação realizada via Diário da Justiça, uma vez que, sabidamente, tal periódico não circula em estabelecimentos prisionais. 3. <u>Em casos como o presente, deve-se aplicar por analogia o art. 370, § 2º, do Código de Processo Penal.</u> Precedentes. 4. Não há exigência de capacidade postulatória para a impetração do remédio heroico e nem de nomeação de defensor para acompanhar a causa. Art. 654, caput, do CPP. 5. Ordem parcialmente concedida. (grifo nosso)*

10. Contratos

O contrato é fonte formal não estatal do Direito, pois através dele as pessoas, a partir do denominado poder negocial, criam normas jurídicas (particulares e individualizadas) que vinculam as partes celebrantes.

11. Equidade

11.1. Definição

A palavra equidade advém do latim *aequitas*, que significa igualdade. Segundo o pensamento de ARISTÓTELES, é o meio de corrigir a lei, aplicando-a com justiça ao caso concreto. Enfim, para o filósofo grego, equidade seria a justa aplicação da norma jurídica ao caso a ser decidido, de modo a abrandar o teor normativo.

Exemplo: o art. 944 do Código Civil, assim redigido:

> *Art. 944. A indenização mede-se pela extensão do dano.*
> *Parágrafo único. Se houver excessiva desproporção entre a gravidade da culpa e o dano, <u>poderá o juiz reduzir, equitativamente</u>, a indenização.*
> *(grifo nosso)*

De acordo com o dispositivo supra, a Lei Civil autoriza que o magistrado, a partir de seus próprios critérios, reduza a indenização se houver desproporção entre a gravidade da culpa e a extensão do dano. Por exemplo, em caso de culpa leve e dano grave, pode o juiz aplicar a regra em comento, de modo a reduzir a indenização.

Embora exista alguma controvérsia, parte da doutrina afirma que a equidade não se reveste do *status* de fonte do Direito, sendo apenas um critério de interpretação a ser considerado.

11.2. Caso Concreto

Sobre o emprego concreto da equidade, conferir o que decidiu o Plenário do STF no Agravo Regimental nº 1.520, julgado em 01.08.2011:

> *(...). Agravo regimental em ação rescisória. Recurso interposto pela União em ação originária por meio de petição assinada isoladamente por Procurador da Fazenda Nacional. Irregularidade processual sanada com a ratificação do ato praticado pelo Advogado-Geral da União. Fixação de honorários advocatícios. Com a denegação do mandado de segurança originário em sede de ação rescisória, tem-se uma decisão declaratória negativa. Não havendo condenação, os honorários advocatícios devem ser fixados com base no art. 20, § 4º, do Código de Processo Civil, que determina ao magistrado apreciar com equidade a fixação dos referidos honorários. Agravo regimental a que se nega provimento.*
> (grifo nosso)

II. EXERCÍCIOS DE FIXAÇÃO

1. Qual é o significado do vocábulo fonte?

Resposta: a palavra fonte, proveniente do latim *fons, fontis*, quer dizer nascente de água, veio-d'água. Portanto, o termo fonte, juridicamente, seria a origem do Direito, isto é, os modos de formação e revelação das normas jurídicas.

2. O que se entende por fonte do Direito?

Resposta: REALE entende que fontes do Direito *"são os processos ou meios em virtude dos quais as regras jurídicas se positivam com legítima força obrigatória, isto é com vigência e eficácia no contexto de uma estrutura normativa".*

3. Qual é fonte principal do Direito brasileiro?

Resposta: a lei.

4. O que se entende por lei em sentido amplíssimo?

Resposta: tal expressão é empregada como sinônimo de norma jurídica, abrangendo quaisquer normas (escritas ou não).

5. O que se entende por lei em sentido amplo?

Resposta: trata-se de expressão que engloba apenas as normas jurídicas escritas.

6. O que se entende por lei em sentido estrito?

Resposta: é o preceito comum e obrigatório, emanado do Poder Legislativo, elaborado no âmbito de sua competência e de acordo com o processo constitucional e regimentalmente previsto.

7. Em que consiste o princípio da obrigatoriedade da lei?

Resposta: significa que a lei, uma vez publicada e em vigor, deve ser observada por todos. Conforme dispõe o art. 3º da Lei de Introdução às Normas do Direito Brasileiro, *"Ninguém se escusa de cumprir a lei, alegando que não a conhece".*

8. O que se entende por costume jurídico?

Resposta: costume é a norma não escrita, criada espontaneamente pela sociedade, sendo oriunda da prática constante, reiterada e uniforme de determinado comportamento, tudo aliado à convicção social da necessidade de sua prática.

9. Quais os elementos indispensáveis para a configuração do costume jurídico?

Resposta: a) *elemento interno*: a convicção, por parte dos membros da comunidade, da necessidade dos costumes; b) *elemento externo*: a repetição, através do uso geral, uniforme e constante dos membros de uma determinada sociedade, da prática consuetudinária.

10. A quem cabe a prova da existência do costume jurídico?

Resposta: incumbe a quem o alega, não sendo aplicável, no caso, o princípio *iura novit curia*, segundo o qual ao juiz é vedado desconhecer a lei.

11. Cite e explique as espécies de costume jurídico:

Resposta: a) costume *secundum legem*: costume conforme a lei, servindo como instrumento de interpretação; e b) costume *praeter legem*: funciona como meio de suprimento de eventual lacuna existente na lei, nos termos do art. 4º da Lei de Introdução às Normas do Direito Brasileiro.

12. O que se entende por doutrina?

Resposta: consiste numa forma expositiva e esclarecedora do Direito, feita pelo jurista, a quem cabe o estudo aprofundado da ciência. É a opinião comum dos jurisconsultos sobre determinada matéria jurídica (*communis opinio doctorum*), sendo manifestada nas obras jurídicas (compêndios, livros, artigos, teses etc.).

13. O que se entende por jurisprudência?

Resposta: coletânea de decisões proferidas pelos juízes ou tribunais sobre determinada matéria jurídica.

14. Cite e explique as espécies de jurisprudência:

Resposta: a) jurisprudência *secundum legem*: limita-se a interpretar o texto legal; b) jurisprudência *praeter legem*: desenvolve-se na falta de regras específicas, preenchendo as lacunas existentes na lei; c) jurisprudência *contra legem*: forma-se contra as disposições legais.

Esta última espécie não é aceita por alguns juristas, sob o argumento de que o juiz não pode criar o Direito, mas somente interpretá-lo. Outros, no entanto, admitem-na como fonte do Direito, argumentando que o juiz não é um autômato.

15. O que são súmulas?

Resposta: são enunciados que resumem as teses consagradas em reiteradas decisões judiciais.

16. O que se entende por analogia?

Resposta: consiste em se aplicar, a uma hipótese não prevista pelo legislador, a solução por ele apresentada para caso semelhante.

17. Quais são os requisitos para o emprego da analogia?

Resposta: a) *lacuna*: é preciso, em primeiro lugar, verificar se o caso apresentado não foi disciplinado pelo Direito; b) *semelhança*: exige-se a constatação de semelhança entre as duas hipóteses (a disciplinada e a não disciplinada pelo Direito); c) *mesma razão de decidir*: em ambos os casos deve existir a mesma razão de decidir.

18. A analogia pode ser empregada em matéria penal?

Resposta: nada obsta que se empregue a analogia em matéria penal. No entanto, de acordo com o entendimento pacífico da doutrina e da jurisprudência, tal somente poderá ocorrer para beneficiar o réu. Trata-se da denominada analogia *in bonam partem*.

19. O que se entende por princípios gerais do Direito?

Resposta: segundo REALE, princípios *"(...) 'são verdades fundantes' de um sistema de conhecimento, como tais admitidas, por serem evidentes ou por terem sido comprovadas, mas também por motivo de ordem prática de caráter operacional, isto é, como pressupostos exigidos pelas necessidades da pesquisa e da* praxis*"*.

20. O que se entende por equidade?

Resposta: é a justa aplicação da norma jurídica ao caso concreto. Segundo o pensamento de ARISTÓTELES, *"é o meio de corrigir a lei, aplicando-a com justiça ao caso concreto"*.

Capítulo VIII
NORMA JURÍDICA

I. DEFINIÇÕES CONCEITUAIS

1. Norma Jurídica

1.1. Definição

BOBBIO, lembrado por SGARBI (2007, p. 114), afirma que:

> *"A nossa vida se desenvolve em um mundo de normas. Acreditamos ser livres, mas na realidade, estamos envoltos em uma rede muito espessa de regras de conduta que, desde o nascimento até a morte, dirigem nesta ou naquela direção as nossas ações".*

Realmente. A vida social encontra-se impregnada por normas. Cada passo do ser humano é disciplinado por regras de várias tonalidades. Pela manhã, ao dividirmos o elevador com outras pessoas, uma regra de trato social impõe o quase que automático "bom-dia". Na missa matinal, o católico, ao comungar, o faz em tom respeitoso e em obediência ao rito religioso. Ao fazermos uso das instalações do clube deparamo-nos, igualmente, com regras a serem observadas. Enfim, seja no ambiente social, na igreja ou no clube, há regramentos a serem seguidos, de modo que o fundamento das normas encontra-se justamente na exigência da natureza humana de viver em sociedade (DINIZ, 2002, p. 328).

O Direito, da mesma forma, por meio das normas jurídicas, procura disciplinar o comportamento humano, conduzindo-o numa determinada direção, sempre com o intuito de alcançar certa finalidade. Não é à toa que DEL VECCHIO afirmava ser a norma jurídica a coluna vertebral da sociedade. Para REALE (2002, p. 95), *"O que efetivamente caracteriza uma norma jurídica, de qualquer espécie, é o fato de ser* uma estrutura proposicional enunciativa de uma forma de organização ou conduta, que deve ser seguida de maneira objetiva e obrigatória".

Com efeito, norma jurídica é a proposição normativa inserida em uma ordem jurídica, avalizada pelo poder público (Direito Interno) ou pelas organizações internacionais (Direito Internacional), podendo disciplinar condutas ou atos, como pode não as ter por objeto, providas ou não de sanção, cuja finalidade é garantir a ordem e a paz social.

Trata-se a norma jurídica, portanto, de uma regra que prescreve a conduta adequada para se conseguir a ordem e segurança nas relações sociais.

HERBERT L. A. HART, em o *Conceito de Direito*, aduz que o Direito comporta dois tipos de normas, não sendo correto afirmar a existência apenas de normas com conteúdo sancionador.

Para HART as normas do Direito devem ser classificadas em *normas primárias* (aquelas que estabelecem comportamentos a serem adotados pelos indivíduos, independentemente do seu querer, como a norma insculpida no art. 14, § 1º, I, da CF, que impõe a obrigatoriedade do voto para os maiores de dezoito anos) e *normas secundárias* (aquelas que apontam como as normas primárias devem ser introduzidas no ordenamento jurídico, como por exemplo, as normas relativas ao processo legislativo – arts. 59 a 69 da CF).

1.2. Características da Norma Jurídica

As normas jurídicas apresentam as seguintes características: imperatividade, heterogeneidade (ou heteronomia), bilateralidade, generalidade (ou abstração). Vejamos cada uma delas:

1.2.1. Imperatividade

A fim de alcançar determinado objetivo a norma jurídica emite um comando, ou seja, prescreve como os indivíduos devem se conduzir na vida comunitária. Enfim, a norma jurídica impõe um dever, que deve ser cumprido por todos.

1.2.2. Heterogeneidade

A norma jurídica deve ser cumprida, ainda que o seu destinatário dela discorde, ou seja, independentemente de sua vontade.

1.2.3. Bilateralidade

Significa a correspondência existente entre as duas partes interligadas pela norma jurídica. O Direito existe sempre vinculando duas ou mais pessoas, atribuindo poder a uma parte e impondo dever à outra.

1.2.4. Generalidade

A norma jurídica é dirigida, indistintamente, a todos que se ajustarem à hipótese por ela tratada, e não a alguém em particular. É preceito de ordem geral, que obriga a todos que estiverem em igual situação jurídica.

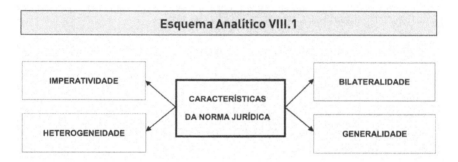

Esquema Analítico VIII.1

1.3. Classificação da Norma Jurídica

1.3.1. Quanto à Natureza das Disposições

1.3.1.1. Normas Jurídicas Substantivas (ou Materiais)

Aquelas que criam, declaram e definem direitos, deveres e relações jurídicas.

Exemplos: Código Penal (Decreto-Lei nº 2.848/40) e Código Civil (Lei nº 10.406/02).

1.3.1.2. Normas Jurídicas Adjetivas (ou Processuais)

Aquelas que regulam o procedimento e o processo aplicáveis para fazer cumprir as normas jurídicas substantivas.

Exemplos: Código de Processo Penal (Decreto-Lei nº 3.689/41) e Código de Processo Civil (Lei nº 13.105/15).

1.3.2. Quanto à Obrigatoriedade

1.3.2.1. Normas Jurídicas Imperativas (ou de Ordem Pública)

Aquelas que, tendo em vista o fim social a ser alcançado, não podem ser modificadas por convenção dos particulares. São também chamadas de normas cogentes.

Exemplo: as regras que estabelecem os impedimentos para o casamento não podem ser modificadas pelos nubentes. Assim, se X e Y, irmãos, desejarem contrair matrimônio, estarão impedidos de fazê-lo pela norma prevista no art. 1.521, IV, do CC.

1.3.2.2. Normas Jurídicas Dispositivas (ou de Ordem Privada)

Aquelas que admitem que os particulares convencionem por ato de vontade.

Exemplo: o art. 1.639, *caput*, do CC, permite aos nubentes, antes da celebração do casamento, convencionarem, quanto aos bens, o que lhes aprouver.

1.3.3. Quanto à Origem

As normas jurídicas podem ser federais, estaduais, distritais e municipais, conforme o ente federado que as produziu.

1.3.4. Quanto à Sistematização

1.3.4.1. Normas Constitucionais

Aquelas ditadas pelo poder constituinte (originário ou derivado) e que fundamentam a validade de todas as demais normas jurídicas. **Exemplo:** a Constituição Federal de 1988.

1.3.4.2. Normas Codificadas

Aquelas que se encontram incorporadas a códigos devidamente sistematizados e que versam sobre determinado ramo do Direito. **Exemplo:** o Código Tributário Nacional (Lei nº 5.172/66).

1.3.4.3. Normas Esparsas (ou Extravagantes)

Aquelas editadas de modo isolado e que tratam de específica matéria jurídica. Não estão incorporadas a códigos. **Exemplo:** a Lei Ambiental (Lei nº 9.605/98).

1.3.4.4. Normas Consolidadas

Aquelas que são fruto da reunião de várias leis esparsas disciplinadoras da mesma matéria.

Exemplo: a Consolidação das Leis do Trabalho (CLT – Decreto-Lei nº 5.452/43).

1.3.5. Quanto à Sanção

1.3.5.1. Normas Perfeitas

Aquelas que estipulam sanção consistente na nulidade ou anulabilidade do ato praticado com violação ao conteúdo normativo. **Exemplo:** o art. 1.647, I, do CC.

1.3.5.2. Normas Imperfeitas

Aquelas que não estabelecem sanção para o caso de descumprimento do conteúdo normativo.

Exemplo: o art. 983, *caput*, do CPC, que estipula o prazo de sessenta dias, a partir da abertura da sucessão, para o início do inventário. O descumprimento do referido prazo não acarreta sanção.

1.3.5.3. Normas Mais que Perfeitas

Aquelas que determinam a nulidade do ato praticado com violação ao conteúdo normativo, bem como a restauração do estado anterior, além de uma pena para o infrator da norma.

Exemplo: o art. 1.521, VI, do CC, estabelece que as pessoas casadas não podem constituir novo matrimônio durante a vigência do casamento. Assim, a violação da citada norma implica não só na nulidade do segundo casamento (art. 1.548, II, do CC), bem como na responsabilização penal do bígamo (art. 235, *caput*, do CP).

1.3.5.4. Normas Menos que Perfeitas

Aquelas que não ensejam a nulidade ou anulabilidade do ato praticado com violação ao conteúdo normativo, mas estabelecem uma pena para o infrator da norma.

Exemplo: o art. 1.523, I, do CC, estabelece que o(a) viúvo(a) que tiver filhos do cônjuge falecido não pode se casar enquanto não fizer o inventário dos bens do casal e der partilha aos herdeiros, sendo que eventual transgressão da mencionada norma não implica em nulidade do novo casamento, mas impõe a adoção do regime de separação de bens (art. 1.641, I, do CC).

1.3.6. Quanto à Vigência

1.3.6.1. Normas de Vigência Indeterminada

Aquelas que vigoram por tempo indeterminado, isto é, não fazem qualquer referência ao prazo de vigência. As normas de vigência indeterminada são a regra.

Exemplo: a Lei nº 9.455/97, que define e pune o crime de tortura.

1.3.6.2. Normas de Vigência Determinada

Aquelas que vigoram por tempo determinado, isto é, estabelecem previamente o respectivo prazo de vigência. As normas de vigência determinada são a exceção.

Exemplo: a Lei Orçamentária Anual.

1.3.7. Quanto à Aplicação

1.3.7.1. Normas Autoaplicáveis

Aquelas que vigoram de imediato, independentemente de qualquer norma posterior.

1.3.7.2. Normas Dependentes de Complementação

Aquelas que necessitam de complementação por outra norma.

Exemplo: o art. 7º, XI, da CF, estabelece que são direitos dos trabalhadores urbanos e rurais, além de outros que visem à melhoria de sua condição social, a participação nos lucros, ou resultados, desvinculada da remuneração, e, excepcionalmente, participação na gestão da empresa, conforme definido em lei. A Lei nº 10.101/00 tratou de complementar o dispositivo constitucional.

1.3.7.3. Normas Dependentes de Regulamentação

Aquelas que necessitam de regulamentação, o que se dá através de ato (decreto regulamentador) do Poder Executivo, de modo a esmiuçar e detalhar a aplicação da lei.

Exemplo: a antiga Lei de Armas de Fogo (Lei nº 9.437/97), ora revogada pela Lei nº 10.826/03, cujo art. 19 determinou que o Poder Executivo a regulamentasse no prazo de sessenta dias.

1.4. Validade da Norma Jurídica

A validade da norma jurídica pode ser analisada sob os seguintes aspectos:

1.4.1. Validade Formal (ou Vigência)

A norma jurídica é vista sob a ótica do preenchimento de todos os requisitos de validade. A validade formal requer a presença dos seguintes requisitos: que a norma seja elaborada pelo órgão competente, no âmbito de sua competência (*ratione materiae*) e em estrita obediência ao rito (constitucional e regimental) estabelecido para a sua produção.

1.4.2. Validade Fática (ou Eficácia)

A norma jurídica deve ser dotada de eficácia, ou seja, deve possuir a possibilidade de ser obedecida, produzindo, então, o efeito esperado sobre a sociedade.

Efetivamente, há normas cujo conteúdo normativo não é obedecido pela sociedade. Neste caso, fala-se em ineficácia normativa, o que, invariavelmente, requer sejam analisados os motivos pelos quais os destinatários da norma não a cumprem.

Várias razões podem ocasionar a perda de eficácia da norma jurídica. O desuso é um deles: a norma deixa de ser aplicada em virtude das mudanças operadas na sociedade ao longo do tempo, cujos valores sofrem constante alteração. Da mesma forma, não terá eficácia a norma que imponha determinado comportamento impossível de ser adotado pelo corpo social.

2. Lacuna

2.1. Definição

É fato inquestionável que o legislador não consegue prever e acompanhar a dinâmica transformadora da realidade social. Assim, não raro surgem casos desprovidos de previsão normativa, dando margem às denominadas lacunas.

2.2. Lacuna na Lei *versus* Lacuna no Sistema Jurídico

Quanto ao tema em destaque, os autores dividem-se em duas correntes:

a) a que preconiza que o sistema jurídico é completo, formando um todo orgânico, sendo sempre capaz de solucionar qualquer caso que se apresente, por mais inédito que seja, aceitando, assim, apenas a possibilidade de haver lacuna na lei; b) outros, diferentemente, admitem a existência de lacuna no sistema como um todo. De acordo com este ponto de vista, o sistema normativo, por mais perfeito que seja, é incapaz de regular todas as situações fáticas.

Admitimos apenas a existência de lacuna na lei, sendo certo que o ordenamento jurídico, como verdadeiro sistema de normas, é capaz de suprir toda e qualquer omissão legal que porventura exista. Para tanto, serão empregados os procedimentos de integração da norma, os quais se encontram previstos no art. 4º da Lei de Introdução às Normas do Direito Brasileiro.

2.3. Mecanismos de Integração das Lacunas

São os procedimentos através dos quais o intérprete preenche a lacuna detectada. Pressupõe, portanto, que o operador haja lançado mão de todas as regras de interpretação à sua disposição e, ainda assim, não tenha conseguido identificar norma jurídica aplicável ao caso concreto. Os mecanismos de integração da norma jurídica são a analogia, os costumes e os princípios gerais do Direito.

II. EXERCÍCIOS DE FIXAÇÃO

1. Analise a relação entre norma e sociedade:

Resposta: a vida social encontra-se impregnada por normas. Cada passo do ser humano é disciplinado por regras de várias tonalidades. Pela manhã, ao dividirmos o elevador com outras pessoas, uma regra de trato social impõe o quase que automático "bom-dia". Na missa matinal, o católico, ao comungar, o faz em tom respeitoso e em obediência ao rito religioso. Ao fazermos uso das instalações do clube deparamo-nos, igualmente, com regras a serem observadas. Enfim, seja no ambiente social, na igreja ou no clube, há regramentos a serem seguidos, de modo que o fundamento das normas encontra-se justamente na exigência da natureza humana de viver em sociedade.

2. O que se entende por norma jurídica?

Resposta: o Direito, por meio das normas jurídicas, procura disciplinar o comportamento humano. Com efeito, norma jurídica é a proposição normativa inserida em uma ordem jurídica, garantida pelo poder público (Direito Interno) ou pelas organizações internacionais (Direito Internacional), podendo disciplinar condutas ou atos, como pode não as ter por objeto, providas ou não de sanção, cuja finalidade é garantir a ordem e a paz social.

3. Cite e explique as características da norma jurídica:

Resposta: a) *imperatividade*: a norma jurídica emite um comando, impõe um dever que deverá ser cumprido; b) *heterogeneidade*: a norma jurídica deve ser cumprida, ainda que o seu destinatário dela discorde; c) *bilateralidade*: significa a correspondência existente entre as duas partes interligadas pela norma jurídica; d) *generalidade*: a norma jurídica é preceito de ordem geral, que obriga a todos que estejam em igual situação jurídica.

4. O que se entende por lacuna?

Resposta: o legislador não consegue prever e as normas não conseguem acompanhar a dinâmica de transformação da realidade social. Assim, há casos para os quais não há previsão legal, consistindo num "vazio" ou lacuna.

5. Há lacuna no sistema jurídico? Ou apenas na lei?

Resposta: os autores dividem-se em duas correntes: a) a que preconiza que o sistema jurídico é completo, formando um todo orgânico, sendo sempre capaz de solucionar qualquer caso que se apresente, por mais inédito que seja, aceitando, assim, apenas a possibilidade de haver lacuna na lei; b) outros, diferentemente, admitem a existência de lacuna no sistema como um todo. De acordo com este ponto de vista, o sistema normativo, por mais perfeito que seja, é incapaz de regular todas as situações fáticas. Admitimos apenas a existência de lacuna na lei.

6. O que se entende por integração da norma jurídica?

Resposta: é o procedimento através do qual o intérprete preenche a lacuna detectada. Pressupõe, portanto, que o operador haja lançado mão de todas as regras de interpretação à sua disposição e, ainda assim, não tenha conseguido identificar norma jurídica aplicável ao caso concreto.

7. Quais são os mecanismos de integração da norma jurídica?

Resposta: analogia, costumes e princípios gerais do Direito.

Capítulo IX

TEORIA DA INTERPRETAÇÃO JURÍDICA

I. DEFINIÇÕES CONCEITUAIS

1. Teoria da Interpretação

1.1. Definição e Função do Intérprete

Fruto de construção humana, o Direito é pertencente ao mundo da cultura. Enquanto ciência da cultura, a perfeita compreensão normativa reclama a aplicação de métodos teóricos de interpretação jurídica (técnicas, processos ou procedimentos), os quais, devidamente sistematizados, deram origem à Teoria da Interpretação.

Interpretar é conhecer, saber, em essência, a consistência do texto jurídico (o objeto de interpretação), o que ele quer dizer; afirmar o seu significado, as suas finalidades e, associadas a estas, as razões do seu aparecimento e as causas de sua elaboração.

Consiste o ato de interpretar, como afirma SGARBI (2007, p. 428), *"(...) na realização de uma atividade intelectual; atividade intelectual que tanto é concebida como 'descoberta', de 'atribuição', como da 'combinação' de ambas quanto ao 'sentido' de algo"*.

Se interpretar é conhecer algo, não há texto jurídico que, de uma forma ou de outra, possa escapar à tarefa interpretativa. Alguns, sem a menor dúvida, conhecem-se facilmente; outros, no entanto, são conhecidos com maior dificuldade. Esta é a razão que nos obriga a afastar a afirmação (equivocada) segundo a qual somente se interpretam os textos jurídicos cujo conhecimento envolva necessariamente alguma dificuldade. Assim, a nosso ver, é totalmente falso o princípio segundo o qual as leis claras dispensam interpretação (*in claris cessat interpretatio*).

1.2. Espécies de Interpretação

Soa evidente, então, que todo e qualquer texto jurídico deve receber a incidência de uma teoria da interpretação. A doutrina, com alguma divergência terminológica, apresenta a seguinte classificação a respeito do tema:

1.2.1. Quanto ao Sujeito (ou Fonte)

1.2.1.1. Interpretação Autêntica (ou Legislativa)

Interpretação autêntica (ou legislativa) é aquela procedente do próprio órgão do qual emana a lei, o que se dá através da edição de diplomas legais tendentes a interpretá-la. A interpretação autêntica parte daquele que elaborou o objeto a ser interpretado (a lei).

Neste sentido, aduz PRADO (2005, p. 190) que na interpretação autêntica o *"Legislador edita uma nova lei com o objetivo de aclarar o sentido e o alcance de uma disposição já existente"*.

A interpretação autêntica pode ser realizada no próprio texto da lei (interpretação autêntica contextual) ou por meio de outro diploma legal (interpretação autêntica posterior). Pode ser que o legislador, a fim de clarear o significado do texto, apresente, na mesma lei, conceitos acerca de determinados vocábulos, termos ou expressões por ele mencionados no corpo legal. Como exemplo, temos o art. 327 do CP:

> *Art. 327. <u>Considera-se funcionário público</u>, para os efeitos penais, quem, embora transitoriamente ou sem remuneração, exerce cargo, emprego ou função pública.*
> *§ 1º. <u>Equipara-se a funcionário público</u> quem exerce cargo, emprego ou função em entidade paraestatal, e quem trabalha para empresa prestadora de serviço contratada ou conveniada para a execução de atividade típica da Administração Pública.*
> *(...).* (grifo nosso)

Assim, considerando a existência dos chamados crimes praticados por funcionário público contra a administração em geral (arts. 312 a 326 do CP), o legislador entendeu por bem fixar, no próprio Código Penal, o significado da expressão *funcionário público*, de modo a evitar dúvidas que pudessem comprometer a correta exegese a ser extraída.

Outros exemplos:

O art. 2º da Lei nº 8.069/90 (Estatuto da Criança e do Adolescente) define os conceitos de *criança* e *adolescente*.

O art. 1º, § 1º, da Lei nº 9.503/97 (Código de Trânsito Brasileiro) fornece o significado do termo *trânsito*.

O art. 2º, *caput*, da Lei nº 10.671/03 (Estatuto de Defesa do Torcedor), preceitua que *"Torcedor é toda pessoa que aprecie, apoie ou se associe a qualquer entidade de prática desportiva do País e acompanhe a prática de determinada modalidade esportiva"*.

O art. 1º, parágrafo único, da Lei nº 11.343/06 (Lei de Drogas) apresenta-nos o que se entende por *drogas*.

1.2.1.2. Interpretação Doutrinária (ou Científica)

Tal espécie de interpretação é levada a efeito pela doutrina, ou seja, pelos autores de obras jurídicas. Mais do que o legislador, o jurista, na qualidade de verdadeiro cientista do Direito, encontra-se capacitado para interpretar as leis. Geralmente, a interpretação doutrinária manifesta-se através da elaboração de artigos, tratados, compêndios, manuais, monografias, teses, pareceres ou comentários à legislação.

Embora não seja vinculante, a interpretação doutrinária é comumente empregada pelos operadores do Direito de um modo geral, notadamente para fundamentar uma decisão a ser tomada.

Em matéria penal, por exemplo, os nomes de NÉLSON HUNGRIA, MAGALHÃES NORONHA, ROBERTO LYRA, ANÍBAL BRUNO, HELENO FRAGOSO, GALDINO SIQUEIRA, dentre outros autores clássicos não menos importantes, são até hoje lembrados. Ao invocá-los, procura-se demonstrar o acerto da decisão tomada, fundada que está em doutrinador de grande estirpe.

1.2.1.3. Interpretação Judicial (ou Jurisprudencial)

É evidente, por todos os motivos, o fato de que quem tem por profissão aplicar as leis precisa, necessariamente, conhecê-las profundamente, considerando, em última análise, que é da interpretação judicial que resultarão os efeitos práticos, de caráter definitivo, para os jurisdicionados. Assim, a interpretação judicial, exposta em sentenças e acórdãos, é obrigatória para as partes em conflito.

Em alguns casos, a interpretação conferida pelo STF, conforme anota MENDES *et al.* (2009, p. 1.009), *"(...) terá o condão de vincular diretamente os órgãos judiciais e os órgãos da Administração Pública"*. Tal vinculação decorre da denominada súmula vinculante, cujos contornos estão delineados no art. 103-A, *caput*, da CF. Com base neste dispositivo o STF editou algumas Súmulas Vinculantes, das quais destacamos:

Súmula Vinculante nº 22

A Justiça do Trabalho é competente para processar e julgar as ações de indenização por danos morais e patrimoniais decorrentes de acidente de trabalho propostas por empregado contra empregador, inclusive aquelas que ainda não possuíam sentença de mérito em primeiro grau quando da promulgação da Emenda Constitucional nº 45/04.

Acerca da importância da interpretação levada a efeito pelo Poder Judiciário, cabe conferir o julgado abaixo (Recurso Extraordinário nº 597.994), proferido em 04.06.2009 pelo Plenário do STF:

CAPÍTULO IX - TEORIA DA INTERPRETAÇÃO JURÍDICA 99

(...). Não há, efetivamente, direito adquirido do membro do Ministério Público a candidatar-se ao exercício de novo mandado político. O que socorre a recorrente é o direito, atual – não adquirido no passado, mas atual – a concorrer a nova eleição e ser reeleita, afirmado pelo artigo 14, § 5°, da Constituição do Brasil. Não há contradição entre os preceitos contidos no § 5° do artigo 14 e no artigo 128, § 5°, II, "e", da Constituição do Brasil. <u>A interpretação do direito, e da Constituição, não se reduz a singelo exercício de leitura dos seus textos, compreendendo processo de contínua adaptação à realidade e seus conflitos.</u> A ausência de regras de transição para disciplinar situações fáticas não abrangidas por emenda constitucional demanda a análise de cada caso concreto à luz do direito enquanto totalidade. A exceção é o caso que não cabe no âmbito de normalidade abrangido pela norma geral. Ela está no direito, ainda que não se encontre nos textos normativos de direito positivo. Ao Judiciário, sempre que necessário, incumbe decidir regulando também essas situações de exceção. Ao fazê-lo não se afasta do ordenamento. Recurso extraordinário a que se dá provimento. (grifo nosso)

Esquema Analítico IX.1

1.2.2. Quanto ao Meio (ou Método)

1.2.2.1. Interpretação Gramatical (Literal ou Filológica)

Tendo em conta a precariedade desta espécie de interpretação, a doutrina amplamente majoritária sustenta que a interpretação gramatical (literal ou filológica) configura apenas o primeiro passo a ser dado pelo intérprete em busca do verdadeiro significado do texto jurídico. Por todos, FRAGOSO (2006, p. 100).

No entanto, em nenhuma hipótese pode ser considerado como o único ou mesmo o mais importante meio a ser empregado. Afinal, como cediço, é absolutamente necessário considerar, além da literalidade do texto jurídico examinado, fatores de ordem histórica, sociológica, ideológica, filosófica, econômica, política, etc.

A interpretação gramatical, portanto, fundamenta-se na análise dos significados semânticos possíveis para vocábulos existentes (isoladamente ou no conjunto da frase) no material jurídico interpretado. Até mesmo regras gramaticais e de sintaxe devem ser ponderadas.

Cumpre advertir, ainda, que determinados termos podem possuir significados de natureza *técnico-jurídica* e *vulgar*. Se tal ocorrer, deve o intérprete basear-se e levar em conta o primeiro, sob pena de incorrer em gravíssimo erro e distorcer por completo a correta mensagem normativa a ser extraída.

Por exemplo, o art. 100, § 2º, do CP, estabelece que *"A ação de iniciativa privada é promovida mediante* queixa *do ofendido ou de quem tenha qualidade para representá-lo"*. (grifo nosso)

Diante dessa regra, pergunta-se: que significado deve ser atribuído à palavra *queixa*? Resposta: o termo jurídico em tela, quando tecnicamente considerado, não pode ser confundido com o significado que lhe é vulgarmente emprestado. Destarte, aquele que procura uma delegacia de polícia a fim de registrar "queixa" não está deflagrando ação penal privada alguma. Está, apenas e tão somente, levando uma notícia (a prática de um crime, em tese) ao conhecimento da autoridade policial, a fim de que sejam tomadas as providências cabíveis.

Enfim, a palavra *queixa*, conforme assentada no art. 100, § 2º, do Código Penal, traduz a peça técnica que inicia a ação penal privada, devendo conter, para tanto, os requisitos previstos no art. 41 do CPP.

1.2.2.2. Interpretação Lógica (ou Racional)

A doutrina diverge quanto ao foco da interpretação lógica. O debate gira em torno da seguinte questão: deve o intérprete buscar a vontade do legislador (*mens legislatoris*) ou a vontade da lei (*mens legis*)?

Para FRANÇA (1999, p. 9), procura-se, através da interpretação lógica, conhecer a *mens legislatoris*, *"(...) pois constitui o principal meio para a descoberta do exato mandamento que o poder estatal prescreveu ao estabelecer a norma jurídica"*.

Não se trata, no entanto, da opinião predominante. Prevalece a inteligência segundo a qual a interpretação lógica deve se firmar na busca da vontade da lei (*mens legis*), uma vez que esta, ao se desatar das entranhas do Legislativo, adquire vida autônoma, completamente desvinculada da intenção que permeou as ideias do órgão legiferante.

Assim, consoante orientação majoritária, consiste a interpretação lógica na investigação da vontade da lei (*mens legis*).

No entanto, conforme ressalta PRADO (2005, p. 187), *"(...) não se trata de uma vontade do passado, mas de uma vontade que se atualiza sempre enquanto a lei não deixa de vigorar"*.

Cabe destacar, ainda, que eventual contradição entre as inferências extraídas da interpretação gramatical e da interpretação lógica deve ser resolvida pela prevalência desta última, uma vez que atenda às exigências do bem comum e aos fins sociais a que a lei se destina, nos exatos termos do art. 5º da Lei de Introdução às Normas do Direito Brasileiro: *"Na aplicação da lei, o juiz atenderá aos fins sociais a que ela se dirige e às exigências do bem comum"*.

1.2.2.3. Interpretação Sistemática

As leis, em sua grande maioria, encontram-se organizadas e, até mesmo, codificadas. Formam, assim, um leque ordenado de regras jurídicas. As leis não se apresentam de modo isolado, estanque, mas fazem parte de um sistema normativo que, por definição, congrega diversos diplomas legislativos. Elas, as leis, convivem umas com as outras.

A ideia central contida na interpretação sistemática leva em consideração esta ordenação conjunta e ampla que caracteriza um dado sistema, requerendo, assim, que o texto legal seja examinado sob o prisma global e harmônico, o que muito contribui para a correta compreensão a ser sacada pelo intérprete acerca de certa regra do Direito.

Um exemplo bem ilustrará a sistematização existente entre as diversas regras que integram o ordenamento jurídico. Vejamos. O art. 128, I, do CP, preconiza que o aborto praticado por médico, quando inexistir outro meio de salvar a vida da gestante, não deve ser punido. É o chamado *aborto necessário* ou *terapêutico*, figura que exclui a ilicitude do fato (aborto) cometido, notadamente por configurar um específico caso de estado de necessidade em favor de terceiro.

O exame isolado (e não sistemático) do referido dispositivo pode induzir o intérprete a concluir que o abortamento necessário, quando realizado por pessoa desprovida da qualidade médica, configura crime. No entanto, tal equivocada compreensão, na realidade, desconsidera que o art. 128, I, do CP, convive sistematicamente com o disposto no art. 24, *caput*, do CP:

> *Art. 24. Considera-se em estado de necessidade quem pratica o fato para salvar de perigo atual, que não provocou por sua vontade, nem podia de outro modo evitar, direito próprio ou alheio, cujo sacrifício, nas circunstâncias, não era razoável exigir-se.*

Assim, imaginemos a seguinte hipótese: **A**, experiente parteira de uma determinada região do interior do País, localidade na qual não há médico, examina **B**, mulher grávida e em iminente risco de vida. Por ter realizado mais de mil partos, **A** faz preciso e contundente "diagnóstico": é preciso interromper a gravidez. E imediatamente! Caso contrário, a mulher morre.

Diante do complicado e urgentíssimo quadro apresentado pela mulher, **A** interrompe a gestação e salva a vida da gestante. Uma vez fora de perigo, **B** é levada ao hospital da cidade mais próxima. Os médicos locais, ao tomarem conhecimento do fato, ratificam, de forma unânime, as providências tomadas pela parteira, sem as quais a mulher certamente teria morrido.

A interpretação isolada do art. 128, I, do CP, nos levaria a uma solução errada para o caso em tela: concluiríamos simplesmente pela não aplicação da regra permissiva do aborto. E nos contentaríamos, perigosa e confortavelmente, com o resultado proclamado: crime de aborto para a parteira. E ponto final!

Mas, como dito, as regras jurídicas convivem umas com as outras. Assim, embora não seja possível aplicar o disposto no art. 128, I, CP, há que se reconhecer a perfeita aplicabilidade do art. 24, *caput*, do CP, pois não há como sustentar, neste contexto, a licitude da ação abortiva do médico e, ao mesmo tempo, a ilicitude da conduta da parteira.

É o que pensava, por exemplo, NORONHA (1995, p. 60):

> *"Como deixa bem claro o Código, só o médico pode praticar o aborto, o que não impede seja auxiliado por terceiros. Não é impossível – tendo em vista as condições do nosso meio – que ele seja, entretanto, praticado por parteira ou outra pessoa. Se o risco de vida para a mulher for atual e inamovível por outro meio, cremos que o agente poderá invocar o estado de necessidade de terceiro (art. 24)".*

1.2.2.4. Interpretação Histórica

Consiste a interpretação histórica, basicamente, em investigar as razões históricas que motivaram a edição de determinada lei ou que levaram o legislador a criar certo instituto jurídico, bem como a política que o orientou na condução dos trabalhos legislativos.

Para tanto, deve o intérprete recorrer ao material existente a respeito da elaboração da lei, tais como: mensagem presidencial, exposição de motivos, debates parlamentares, emendas apresentadas, notas taquigráficas referentes a eventuais audiências públicas realizadas, dentre outros documentos que consolidam informações históricas fundamentais para a compreensão do texto jurídico.

DINIZ (2000, p. 426), ao discorrer sobre a interpretação histórica, apresenta-lhe as seguintes características:

> *"Refere-se ao histórico do processo legislativo, desde o projeto de lei, sua justificativa ou exposição de motivos, emendas, aprovação e promulgação, ou às circunstâncias fáticas que a precederam e que lhe deram origem, às causas ou necessidades que induziram o órgão a elaborá-la, ou seja, às condições culturais ou psicológicas sob as quais o preceito normativo surgiu (occasio legis)".*

Vê-se, portanto, que a análise do cenário anterior à edição da lei, bem como das fases (proposição, discussão, emendas, pareceres etc.) percorridas pelo projeto de lei, é de suma importância para o intérprete entender o texto jurídico introduzido no ordenamento, extraindo-lhes o respectivo conteúdo normativo.

Para REALE (2002, p. 284), é mesmo indispensável *"(...) estudar as fontes inspiradoras da emanação da lei para ver quais as intenções do legislador, mas também a fim de ajustá-la às situações supervenientes"*.

Tal entendimento do saudoso REALE é corroborado por VENOSA (2006, p. 176 e 177), segundo o qual *"Sob o prisma histórico, o exegeta deve, pois, analisar os trabalhos preparatórios da lei, os anteprojetos e projetos, as emendas, as discussões parlamentares, a fim de ter um quadro claro das condições nas quais a lei foi editada"*.

1.2.2.5. Interpretação Teleológica (ou Sociológica)

Este meio de interpretação busca, em última análise, interpretar as leis, objetivando sua melhor aplicação na sociedade a que estão voltadas.

Por esta razão, deve ser sempre observado em último lugar, evitando os elevados riscos de que o intérprete acabe por se confundir com o próprio legislador, criando normas jurídicas onde não existam ou, no mínimo, deturpando o verdadeiro significado das existentes.

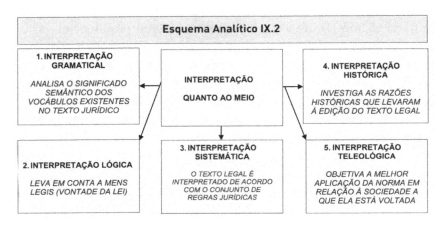

1.2.3. Quanto ao Resultado

A interpretação, finalmente, pode ser considerada sob a ótica do resultado obtido, quando teremos, então, as seguintes espécies:

1.2.3.1. Interpretação Declarativa (ou Enunciativa)

Dá-se a interpretação declarativa quando há perfeita correspondência entre o texto jurídico e a vontade da lei, não havendo necessidade de se proceder a uma restrição ou ampliação do teor literal. Vale dizer: a *verba legis* está em sintonia com a *mens legis*. Trata-se, evidentemente, do resultado mais comumente obtido.

1.2.3.2. Interpretação Restritiva

Esta espécie de interpretação, como a própria denominação está a sugerir, impõe a restrição do alcance das palavras da lei. A vontade da lei não está em sintonia com o que diz o texto jurídico. Este diz mais do que devia, sendo necessário, portanto, empreender interpretação que o restrinja.

Sobre a interpretação restritiva, confira-se o que decidiu a Primeira Turma do STF no Recurso Extraordinário nº 504.615, julgado em 03.05.2011:

(...). I – O Supremo Tribunal Federal possui entendimento no sentido de que a imunidade tributária prevista no art. 150, VI, d, da Constituição Federal <u>deve ser interpretada restritivamente</u> e que seu alcance, tratando-se de insumos destinados à impressão de livros, jornais e periódicos, estende-se, exclusivamente, a materiais que se mostrem assimiláveis ao papel, abrangendo, por consequência, os filmes e papéis fotográficos. Precedentes. II – A imunidade prevista no art. 150, VI, d, da Lei Maior não abrange as operações financeiras realizadas pela agravante. III – Agravo regimental improvido. (grifo nosso)

1.2.3.3. Interpretação Extensiva

Na interpretação extensiva, ao contrário da anterior, as palavras da lei dizem menos do que deviam, motivo pelo qual é necessário ampliar-lhes o alcance, de modo a corresponderem a *mens legis*.

Sobre a interpretação extensiva, confira-se o que decidiu a Segunda Turma do STF no *Habeas Corpus* nº 108.232, julgado em 18.10.2011:

1. É firme a orientação jurisprudencial desta Casa de Justiça quanto à <u>interpretação extensiva</u> e à aplicação analógica da norma contida no art. 580 do CPP. Artigo que, em tema de concurso de agentes, preceitua: "a decisão do recurso interposto por um dos réus, se fundado em motivos que não sejam de caráter exclusivamente pessoal, aproveitará aos outros". Isso para admitir a aplicação do efeito extensivo mesmo às hipóteses de decisão favorável proferida em sede não recursal (como, por exemplo, em revisão criminal ou em habeas corpus) ou, se resultante de recurso, mesmo à decisão proferida por instância diversa ou de superior hierarquia, ainda que o paciente, ele próprio, haja recorrido. 2. No caso, a falta de identidade objetiva e subjetiva entre as situações jurídico-factuais do paciente e da corré beneficiada com a decisão benfazeja do Superior Tribunal de Justiça inviabiliza o deferimento do pedido de extensão. 3. Ordem denegada. (grifo nosso)

1.3. Analogia, Interpretação Analógica e Interpretação Extensiva

Cumpre, agora, estabelecer a devida distinção entre analogia, interpretação extensiva e interpretação analógica.

Como vimos, consiste a analogia na aplicação de uma regra jurídica existente (e criada para regular determinada hipótese) a um caso semelhante, para o qual não há previsão normativa. Havendo semelhança entre as duas situações (a regulada e a não disciplinada pelo Direito), bem como razão que autorize a tomada da mesma decisão, supre-se a lacuna detectada através da aplicação, ao caso não regulado, da norma existente. Trata-se a analogia, portanto, de um dos modos de integração (ou de suprimento) de lacunas.

A chamada interpretação analógica ocorre quando a própria norma determina sua aplicação a determinadas hipóteses semelhantes, nisto residindo a substancial diferença entre a interpretação analógica e a analogia. A técnica geralmente empregada pela lei vale-se de situações casuísticas, seguidas por fórmulas genéricas.

Por exemplo, o art. 121, § 2º, III, do CP, relaciona os meios de execução que qualificam o crime de homicídio. Após citar que veneno, fogo, explosivo, asfixia e tortura são meios qualificadores do delito, a lei penal emprega uma fórmula genérica (*"ou outro meio insidioso ou cruel, ou de que possa causar perigo comum"*), indicando, assim, que outros aspectos, embora não expressamente citados, mas que tenham as mesmas características (insídia, crueldade, periculosidade para a coletividade), devem ensejar a aplicação da mesma regra qualificadora.

Outrossim, descabe confundir analogia e interpretação analógica. Como dito, o primeiro instituto está relacionado à existência de uma lacuna. Na interpretação analógica, ao contrário, tal não ocorre. Não há omissão alguma. Ao contrário, é a própria lei que se diz aplicável às situações por ela contempladas. Para tanto, deixa-nos uma mensagem (fórmula genérica).

Através dessa mensagem, sinaliza sua vontade de abarcar outros casos que tenham a mesma essência daqueles expressamente mencionados.

Por fim, a interpretação extensiva amplia o alcance do texto jurídico, de modo a fazer com que as palavras da lei sejam equivalentes a *mens legis*. O operador do Direito, verificando que o texto legal disse menos do que devia dizer, estende o campo de incidência normativa, abrangendo situações efetivamente contidas na *mens legis*, mas que, por um defeito do material jurídico examinado, aparentemente não estavam inseridas na vontade da lei.

2. Argumentação Jurídica

Interpretar, juridicamente falando, significa a atividade intelectual realizada sobre o material jurídico, de modo a extrair-lhe o sentido e o alcance. Para tanto, como vimos, vários são os métodos propostos pela Teoria da Interpretação.

Argumentar significa apresentar e defender uma ideia, uma proposição, de modo a persuadir o interlocutor acerca da plausibilidade do que se afirma.

Durante o exercício da respectiva atividade profissional, os operadores do Direito empregam diversos tipos de argumentação, de modo a amparar as teses apresentadas nos mais variados fóruns.

Malgrado a indiscutível importância da retórica (ciência da argumentação), forçoso reconhecer que pouco (ou quase nenhum) valor tem sido a ela atribuído, problema que, em última análise, acaba por desaguar na atuação do profissional do Direito, limitando-a sobremaneira.

Assim, saber argumentar é de fundamental importância no labor forense, razão pela qual elencamos abaixo, dentro dos limites impostos pelas características da presente obra, os principais argumentos jurídicos passíveis de serem apresentados pelo operador do Direito:

2.1. Espécies de Argumento Jurídico

2.1.1. Argumento da Redução ao Absurdo (ou Apagógico)

Trata-se de argumento em que se busca demonstrar que determinado raciocínio conduz a uma solução absurda, insensata e, portanto, não admitida pelo Direito. Uma vez apresentado o ilógico, absurdo ou insensato, aponta-se, em seguida, a solução considerada mais lógica e sensata.

2.1.2. Argumento *a contrario sensu*

O argumento *a contrario sensu* é usualmente empregado na denominada interpretação literal.

Trata-se de técnica através da qual o intérprete, a partir de determinada previsão normativa (e suas respectivas consequências jurídicas), afasta do alcance da norma as hipóteses não contempladas por ela.

Exemplo: o art. 228 da CF afirma que os menores de dezoito anos são penalmente inimputáveis, ou seja, não lhes pode ser atribuída a prática de crimes ou contravenções penais. Consequentemente, mesmo que o art. 228 não o diga expressamente, é possível argumentar (*a contrario sensu*) que os maiores de dezoito anos são penalmente responsáveis.

Transcreve-se abaixo decisão proferida pela Primeira Turma do STF (Extradição nº 1.239, julgada em 13.12.2011), na qual se empregou o argumento *a contrario sensu*:

> *(...). 1. O art. 76 da Lei nº 6.815/80 dispõe que: "A extradição poderá ser concedida quando o governo requerente se fundamentar em tratado, ou quando prometer ao Brasil a reciprocidade."*
> *2. Os requisitos legais para o deferimento do pedido de extradição são extraídos por interpretação a contrario sensu do art. 77 da Lei nº 6.815/80, ou seja, defere-se o pedido extradicional se o caso sub judice não se enquadrar em nenhum dos incisos do referido dispositivo e restarem observadas as disposições do tratado específico. (...).* (grifo nosso)

2.1.3. Argumento *a fortiori*

Trata-se de argumento em que se busca ampliar a aplicação da norma, abarcando situação que, embora não expressamente contida, por mais fortes razões deve ser assim decidida.

Exemplo: se o Código de Trânsito Brasileiro considera infração dirigir veículo automotor com apenas uma das mãos, consequentemente, por razões ainda mais fortes, também proíbe e sanciona a condução do mesmo veículo sem as duas mãos, ainda que não o diga expressamente.

Transcreve-se abaixo decisão proferida pela Segunda Turma do STF (*Habeas Corpus* nº 86.236, julgado em 02.06.2009), no qual se empregou o argumento *a fortiori*:

AÇÃO PENAL. Crime tributário, ou crime contra a ordem tributária. Art. 1º, I e II, da Lei nº 8.137/90. Delito material. Tributo. Processo administrativo. Suspensão por decisão do Conselho de Contribuintes. Crédito tributário juridicamente inexistente. Falta irremediável de elemento normativo do tipo. Crime que se não tipificou. Condenação. Inadmissibilidade. Absolvição decretada. HC concedido para esse fim. Precedentes. Não se tipificando crime tributário sem o lançamento fiscal definitivo, <u>não se justifica pendência de ação penal, nem a fortiori condenação a esse título</u>, quando está suspenso o procedimento administrativo por decisão do Conselho de Contribuintes. (grifo nosso)

No julgado transcrito quis o STF afirmar que se no referido caso não cabe ação penal (o menos), por razões mais fortes (*a fortiori*) não se admite condenação penal (o mais).

2.1.4. Argumento da Coerência

Leciona SGARB (2007, p. 547):

> *"Fundado na afirmação dogmática da 'racionalidade do legislador', este argumento baseia-se na defesa de suas realizações. Portanto, para atender este dogma do campo jurídico, o papel do intérprete é intervir para solucionar as incoerências melhorando, por conseguinte, a ordem jurídica".*

Em suma, através do referido argumento busca-se a manutenção da racionalidade e da coerência do ordenamento jurídico, exatamente o que fez o Plenário do STF ao decidir a Ação Direta de Inconstitucionalidade nº 4.277:

> *(...). O caput do art. 226 confere à família, base da sociedade, especial proteção do Estado. Ênfase constitucional à instituição da família. Família em seu coloquial ou proverbial significado de núcleo doméstico, pouco importando se formal ou informalmente constituída, ou se integrada por casais heteroafetivos ou por pares homoafetivos. A Constituição de 1988, ao utilizar-se da expressão "família", não limita sua formação a casais heteroafetivos nem a formalidade cartorária, celebração civil ou liturgia religiosa. Família como instituição privada que, voluntariamente constituída entre pessoas adultas, mantém com o Estado e a sociedade civil uma necessária relação tricotômica. Núcleo familiar que é o principal lócus institucional de concreção dos direitos fundamentais que a própria Constituição designa por "intimidade e vida privada" (inciso X do art. 5º). Isonomia entre casais heteroafetivos e pares homoafetivos que somente ganha plenitude de sentido se desembocar no igual direito subjetivo à formação de uma autonomizada família. Família como figura central ou continente, de que tudo o mais é conteúdo. Imperiosidade da interpretação não reducionista do conceito de família como instituição que também se forma por vias distintas do casamento civil. Avanço da Constituição Federal de 1988 no plano dos costumes. Caminhada na direção do pluralismo como categoria sociopolítico-cultural. <u>Competência do Supremo Tribunal Federal para manter, interpretativamente, o Texto Magno na posse do seu fundamental atributo da coerência, o que passa pela eliminação de preconceito quanto à orientação sexual das pessoas.</u> (...).* (grifo nosso)

2.1.5. Argumento *a simili*

Trata-se, na essência, de se aplicar determinada norma (estabelecida para disciplinar o caso **X**) a uma situação (caso **Y**) para a qual não há previsão normativa (lacuna), sendo que as hipóteses **X** e **Y** assemelham-se e devem, portanto, ser solucionadas da mesma forma. Vê-se, assim, que o argumento *a simili* (ou analógico) pode ser adotado quando houver lacuna a ser suprida.

2.1.6. Argumento de Autoridade

Como o próprio nome está a sugerir, consiste o argumento em tela no emprego do entendimento, parecer ou manifestação de uma pessoa (geralmente um doutrinador de renome ou órgão jurisdicional de instância superior, como o STF) para escorar a ideia que se defende.

Exemplo: invocar certo entendimento firmado pelo STF para sustentar a defesa de uma proposição.

2.1.7. Argumento *a priori*

Trata-se de argumento que parte da regra (abstrata) para o particular (concreto), da causa para o efeito, configurando um raciocínio dedutivo.

Exemplo: **X** foi encontrado com a arma de fogo empregada para matar **Y**. Logo, *a priori*, deduz-se que **X** matou **Y**.

2.1.8. Argumento *a posteriori*

Consiste no argumento adotado com o fim de comprovar o acerto de determinada afirmação, analisando-se, para tanto, as consequências já conhecidas. Parte-se destas para as causas.

Exemplo: os índices de criminalidade diminuíram em algumas regiões da cidade do Rio de Janeiro (consequência conhecida), o que se deu a partir da instalação das denominadas Unidades de Polícia Pacificadora (causa).

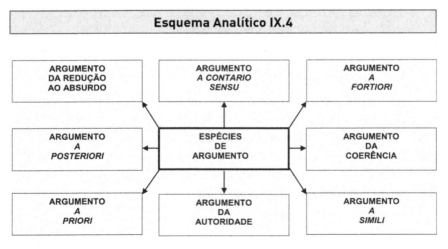

Esquema Analítico IX.4

II. EXERCÍCIOS DE FIXAÇÃO

1. O que se entende por interpretação da lei?

Resposta: interpretar é conhecer, saber, em essência, a consistência do texto jurídico (o objeto de interpretação), o que ele quer dizer; afirmar o seu significado, as suas finalidades e, associadas a estas, as razões do seu aparecimento e as causas de sua elaboração.

2. O que se entende por interpretação autêntica?

Resposta: é aquela procedente do próprio órgão do qual emana a lei, o que se dá através da edição de diplomas legais tendentes a interpretá-la.

3. O que se entende por interpretação doutrinária?

Resposta: tal espécie de interpretação é levada a efeito pela doutrina, ou seja, pelos autores de obras jurídicas. Mais do que o legislador, o jurista, na qualidade de verdadeiro cientista do Direito, encontra-se capacitado para interpretar as leis.

4. A interpretação doutrinária é vinculante?

Resposta: embora não seja vinculante, a interpretação doutrinária é comumente empregada pelos operadores do Direito de um modo geral, notadamente para fundamentar uma decisão a ser tomada.

5. O que se entende por interpretação judicial?

Resposta: é aquela levada a efeito pelos magistrados. A interpretação judicial, exposta em sentenças e acórdãos, é obrigatória para as partes em litígio.

6. A interpretação levada a efeito pelo STF é vinculante?

Resposta: em alguns casos, a interpretação conferida pelo STF vincula diretamente os órgãos judiciais e os órgãos da administração pública. Tal vinculação decorre da denominada Súmula Vinculante.

7. O que se entende por interpretação gramatical?

Resposta: a interpretação gramatical fundamenta-se na análise dos significados semânticos possíveis para vocábulos existentes (isoladamente ou no conjunto da frase) no material jurídico interpretado. Até mesmo regras gramaticais e de sintaxe devem ser ponderadas.

8. Que cuidados deve ter o intérprete ao lançar mão da interpretação gramatical?

Resposta: tendo em conta a precariedade desta espécie de interpretação, a doutrina amplamente majoritária sustenta que a interpretação gramatical configura apenas o primeiro passo a ser dado pelo intérprete em busca do verdadeiro significado do texto jurídico. No entanto, em nenhuma hipótese pode ser considerado como o único ou mesmo o mais importante meio a ser empregado. Afinal, como cediço, é absolutamente necessário considerar, além da literalidade do texto examinado, fatores de ordem histórica, sociológica, ideológica, filosófica etc.

9. Qual deve ser o foco da interpretação lógica? A vontade do legislador? Ou a vontade da lei?

Resposta: a doutrina diverge. Para FRANÇA (1999, p. 9), procura-se, através da interpretação lógica, conhecer a *mens legislatoris*, *"(...) pois constitui o principal meio para a descoberta do exato mandamento que o poder estatal prescreveu ao estabelecer a norma jurídica".*

Não se trata, no entanto, da opinião predominante. Prevalece a inteligência segundo a qual a interpretação lógica deve se firmar na busca da vontade da lei (*mens legis*), uma vez que esta, ao se desatar das entranhas do Legislativo, adquire vida autônoma, completamente desvinculada da intenção que permeou as ideias do órgão legiferante.

10. O que se entende por interpretação sistemática?

Resposta: as leis, em sua grande maioria, encontram-se organizadas e, até mesmo, codificadas. Formam um leque ordenado de regras jurídicas. As leis não se apresentam de modo isolado, estanque, mas fazem parte de um sistema normativo que, por definição, congrega diversos diplomas legislativos. Elas, ao contrário, convivem umas

CAPÍTULO IX - TEORIA DA INTERPRETAÇÃO JURÍDICA 115

com as outras. A ideia central contida na denominada interpretação sistemática leva em consideração esta ordenação conjunta e ampla que caracteriza um dado sistema jurídico, requerendo, assim, que o texto legal seja examinado sob o prisma global e harmônico.

11. O que se entende por interpretação histórica?

Resposta: consiste, basicamente, em investigar as razões históricas que motivaram a edição de determinada lei ou que levaram o legislador a criar certo instituto jurídico, bem como a política que o orientou na condução dos trabalhos legislativos.

Para tanto, deve o intérprete recorrer ao material existente a respeito da feitura da lei, tais como: mensagem presidencial, exposição de motivos, debates parlamentares, emendas apresentadas, notas taquigráficas referentes a audiências públicas realizadas, dentre outros documentos que consolidam informações históricas fundamentais para a compreensão do texto jurídico.

12. O que se entende por Interpretação declarativa?

Resposta: dá-se a interpretação declarativa quando há perfeita correspondência entre o texto e a vontade da lei, não havendo necessidade de se proceder a uma restrição ou ampliação do teor literal.

13. O que se entende por interpretação restritiva?

Resposta: tal espécie de interpretação, como a própria denominação está a sugerir, impõe a restrição do alcance das palavras da lei. A vontade da lei não está em sintonia com o que diz o texto. Este diz mais do que devia, sendo necessário, portanto, empreender interpretação que o restrinja.

14. O que se entende por interpretação extensiva?

Resposta: na interpretação extensiva, ao contrário da anterior, as palavras da lei dizem menos do que deviam, motivo pelo qual é necessário ampliar-lhes o alcance, de modo a corresponderem a *mens legis*.

15. Qual é a distinção entre analogia, interpretação analógica e interpretação extensiva?

Resposta: consiste a analogia na aplicação de uma regra jurídica existente (e criada para regular determinada hipótese) a um caso semelhante, para o qual não há previsão normativa.

A chamada interpretação analógica ocorre quando a própria norma determina sua aplicação a determinadas hipóteses semelhantes, nisto residindo a substancial diference entre a interpretação analógica e a analogia. A técnica geralmente empregada pela lei vale-se de situações casuísticas, seguidas por fórmulas genéricas.

Por fim, a interpretação extensiva amplia o alcance do texto jurídico, de modo a fazer com que as palavras da lei sejam equivalentes a *mens legis*. O operador do Direito, verificando que o texto legal disse menos do que devia dizer, estende o campo de incidência normativa, abarcando situações efetivamente contidas na *mens legis*, mas que, por um defeito do material jurídico examinado, aparentemente não estavam inseridas na vontade da lei.

Capítulo X

PROCESSO LEGISLATIVO

I. DEFINIÇÕES CONCEITUAIS

1. Processo Legislativo

1.1. Definição

É o conjunto de fases estabelecidas na Constituição Federal a serem percorridas pelas espécies normativas primárias (emendas à Constituição, leis complementares, leis ordinárias, leis delegadas, medidas provisórias, decretos legislativos e resoluções – art. 59 da CF).

A Lei Complementar nº 95/98, com as alterações promovidas pela Lei Complementar nº 107/01, dispõe sobre a elaboração, redação, alteração e consolidação das leis e outros atos normativos.

1.2. Espécies Normativas Primárias

As espécies normativas primárias que integram o ordenamento jurídico brasileiro são:

1.2.1. Emenda à Constituição

Espécie normativa através da qual se altera a Constituição. A tramitação de uma Proposta de Emenda Constitucional (PEC) deve seguir fielmente os procedimentos elencados no art. 60 da CF:

Art. 60. A Constituição poderá ser emendada mediante proposta:
I - de um terço, no mínimo, dos membros da Câmara dos Deputados ou do Senado Federal;
II - do Presidente da República;
III - de mais da metade das Assembleias Legislativas das unidades da Federação, manifestando-se, cada uma delas, pela maioria relativa de seus membros.
§ 1º - A Constituição não poderá ser emendada na vigência de intervenção federal, de estado de defesa ou de estado de sítio.
§ 2º - A proposta será discutida e votada em cada Casa do Congresso Nacional, em dois turnos, considerando-se aprovada se obtiver, em ambos, três quintos dos votos dos respectivos membros.
§ 3º - A emenda à Constituição será promulgada pelas Mesas da Câmara dos Deputados e do Senado Federal, com o respectivo número de ordem.
§ 4º - Não será objeto de deliberação a proposta de emenda tendente a abolir:
I - a forma federativa de Estado;
II - o voto direto, secreto, universal e periódico;
III - a separação dos Poderes;
IV - os direitos e garantias individuais.
§ 5º - A matéria constante de proposta de emenda rejeitada ou havida por prejudicada não pode ser objeto de nova proposta na mesma sessão legislativa.

1.2.2. Lei Complementar

De acordo com o art. 69 da CF, a lei complementar, diferentemente da lei ordinária, exige aprovação por *maioria absoluta* (maioria dos membros da Casa Legislativa). Trata-se, portanto, de um número fixo.

Ressalte-se, ainda, que a lei complementar objetiva disciplinar matérias taxativamente elencadas na Constituição.

Exemplo: art. 146-A da CF, incluído pela EC nº 42/03:

CAPÍTULO X – PROCESSO LEGISLATIVO **119**

> *Art. 146-A. Lei complementar poderá estabelecer critérios especiais de tributação, com o objetivo de prevenir desequilíbrios da concorrência, sem prejuízo da competência de a União, por lei, estabelecer normas de igual objetivo.* (grifo nosso)

1.2.3. Lei Ordinária

A lei ordinária exige aprovação por *maioria simples* (maioria dos presentes à sessão de votação). Trata-se, portanto, de um número variável.

Cabe destacar que a lei ordinária pode disciplinar qualquer matéria, salvo aquelas que necessitam de regulação por meio de lei complementar, decreto legislativo e resolução.

1.2.4. Lei Delegada

Aquela em que o Poder Legislativo previamente delega ao chefe do Executivo a tarefa de elaborar a lei, configurando verdadeira exceção ao princípio da indelegabilidade.

As regras básicas relativas à delegação encontram-se no art. 68 da CF:

> *Art. 68. As leis delegadas serão elaboradas pelo Presidente da República, que deverá solicitar a delegação ao Congresso Nacional.*
> *§ 1º - Não serão objeto de delegação os atos de competência exclusiva do Congresso Nacional, os de competência privativa da Câmara dos Deputados ou do Senado Federal, a matéria reservada à lei complementar, nem a legislação sobre:*
> *I - organização do Poder Judiciário e do Ministério Público, a carreira e a garantia de seus membros;*
> *II - nacionalidade, cidadania, direitos individuais, políticos e eleitorais;III - planos plurianuais, diretrizes orçamentárias e orçamentos.*
> *§ 2º - A delegação ao Presidente da República terá a forma de resolução do Congresso Nacional, que especificará seu conteúdo e os termos de seu exercício.*
> *§ 3º - Se a resolução determinar a apreciação do projeto pelo Congresso Nacional, este a fará em votação única, vedada qualquer emenda.*

1.2.5. Medida Provisória

A medida provisória, substituta do anterior decreto-lei, pode ser manejada nos casos expressamente previstos no art. 62, *caput*, da CF, com a redação determinada pela EC n° 32/01:

> *Art. 62. Em caso de <u>relevância</u> e <u>urgência</u>, o Presidente da República poderá adotar medidas provisórias, com força de lei, devendo submetê-las de imediato ao Congresso Nacional.* (grifo nosso)

Cumpre observar, ainda, que a medida provisória não pode ser editada nos seguintes casos (art. 62, § 1°, da CF): nacionalidade, cidadania, direitos políticos, partidos políticos e direito eleitoral; Direito Penal, Processual Penal e Processual Civil; organização do Poder Judiciário e do Ministério Público, a carreira e a garantia de seus membros; planos plurianuais, diretrizes orçamentárias, orçamento e créditos adicionais e suplementares, ressalvado o previsto no art. 167, § 3°, da CF; matéria que vise a detenção ou sequestro de bens, de poupança popular ou qualquer outro ativo financeiro; matéria reservada a lei complementar; matéria já disciplinada em projeto de lei aprovado pelo Congresso Nacional e pendente de sanção ou veto do Presidente da República.

Diante do citado rol proibitivo, conclui-se que o Presidente da República não pode editar medida provisória para criar determinada infração penal (crime ou contravenção penal), pois se trata de matéria pertinente ao Direito Penal.

1.2.6. Decreto Legislativo

Espécie normativa através da qual o Congresso Nacional trata das matérias integrantes de sua competência exclusiva (art. 49, I a XVII, da CF), bem como da prevista no art. 62, § 3°, da CF (disciplinamento dos efeitos decorrentes de medida provisória não convertida em lei).

1.2.7. Resolução

Espécie normativa através da qual o Senado Federal (art. 52 da CF) e a Câmara dos Deputados (art. 51 da CF) regulamentam os assuntos de sua competência privativa, dentre outros casos previstos na Constituição Federal (art. 155, § 1º, IV; art. 155, § 2º, IV; art. 155, § 1º, V, alíneas *a* e *b*) e nos respectivos regimentos internos.

Da mesma forma, é através de resolução que o Congresso Nacional confere competência ao Presidente da República para elaborar a lei delegada (art. 68, § 2º, da CF).

1.3. Fases do Processo Legislativo das Leis Ordinárias e Leis Complementares

Dentro dos propósitos da presente obra, trataremos apenas do processo legislativo pertinente às leis ordinárias e complementares, sendo certo que o tema será aprofundado quando do estudo da disciplina Direito Constitucional.

1.3.1. Iniciativa

É o ato de deflagrar o processo de criação das leis atribuído a alguém ou a um órgão, através da apresentação de projetos de lei ao Poder Legislativo. É a fase inicial do processo legislativo. Em síntese, é a apresentação do projeto. Analisa-se tal fase sob a ótica da competência constitucional para deflagrar o processo legislativo (art. 61 da CF).

1.3.1.1. Espécies de Iniciativa

A iniciativa pode ser:

a) *Parlamentar:* atribuída aos parlamentares, Senadores e Deputados Federais (art. 61, *caput*, da CF).

b) *Extraparlamentar:* atribuída ao Presidente da República, ao STF, aos Tribunais Superiores, ao Procurador-Geral da República e aos cidadãos (art. 61, *caput*, da CF).

Nos termos do art. 61, § 2º, da CF, *"A iniciativa popular pode ser exercida pela apresentação à Câmara dos Deputados de projeto de lei subscrito por, no mínimo, um por cento do eleitorado nacional, distribuí-*

do pelo menos por cinco Estados, com não menos de três décimos por cento dos eleitores de cada um deles".

c) *Privativa (reservada ou exclusiva)*: atribuída a uma pessoa ou a um ente, com exclusividade.

Exemplo: compete privativamente ao Presidente da República iniciar o processo legislativo referente à modificação do efetivo das Forças Armadas (art. 61, § 1º, I, da CF).

d) *Concorrente*: atribuída a mais de uma pessoa ou ente, concorrentemente.

Exemplo: a competência para deflagrar o processo pertinente às emendas constitucionais (art. 60, I, II e III da CF).

e) *Conjunta*: atribuída a mais de uma pessoa ou ente, conjuntamente. A deflagração do processo legislativo depende da atuação conjunta de todos os legitimados.

Exemplo: o antigo art. 48, XV, da CF, com a redação anterior à EC nº 41/03, estabelecia que o teto do funcionalismo seria regulado por lei de iniciativa conjunta dos Presidentes da República, do STF, do Senado e da Câmara dos Deputados.

1.3.2. Discussão e Votação

Trata-se da fase de deliberação parlamentar, na qual ocorrem as discussões a respeito dos termos do projeto de lei, podendo ser apresentadas as chamadas emendas parlamentares. Após as discussões, segue-se a votação. Tal fase ocorre nas duas Casas do Congresso Nacional (bicameralismo).

Uma vez aprovado, será o projeto de lei enviado ao chefe do Executivo, a quem cabe sancioná-lo ou vetá-lo (fase de deliberação executiva).

1.3.3. Sanção

1.3.3.1. Definição

É o ato pelo qual o chefe do Executivo adere ao projeto de lei aprovado pelo Poder Legislativo, nos termos do art. 66 da CF.

1.3.3.2. Espécies de Sanção

A sanção pode ser expressa ou tácita.

1.3.3.2.1. Sanção Expressa

Ocorre quando o Presidente da República expressamente concorda com os termos do projeto de lei e o sanciona (art. 66, *caput*, da CF).

Há casos em que a sanção presidencial é constitucionalmente dispensada. Logo, não há possibilidade de veto. É o que se dá com os projetos que tratam das matérias elencadas nos arts. 49 (competência exclusiva do Congresso Nacional), 51 (competência privativa da Câmara dos Deputados) e 52 (competência privativa do Senado Federal), todos da CF.

1.3.3.2.2. Sanção Tácita (ou Implícita)

Ocorre quando o chefe do Executivo não sanciona expressamente o projeto, e, neste caso, como prevê o art. 66, § 3º, da CF, decorrido o prazo de quinze dias, o silêncio do Presidente da República importará em sanção.

1.3.3.2.3.Sanção Total

Ocorre quando o chefe do Executivo sanciona inteiramente o projeto que lhe foi submetido.

1.3.3.2.4. Sanção Parcial

Ocorre quando o chefe do Executivo não sanciona o projeto na sua integralidade. Neste caso, diz-se que houve veto(s).

1.3.4. Veto

1.3.4.1. Definição

É a discordância, por parte do chefe do Executivo, quanto aos termos do projeto de lei aprovado pelo Legislativo e submetido à sua apreciação. Diferentemente da sanção, não há veto tácito. O veto é irretratável e deve sempre ser motivado (fundamentado), podendo ser rejeitado pelo Poder Legislativo, mantendo-se, assim, o projeto aprovado (art. 66, §§ 4º a 7º, da CF). Ressalte-se que o veto não pode recair apenas sobre algumas palavras ou frases existentes no projeto de lei. Deve incidir sobre artigos, parágrafos, incisos, alíneas.

1.3.4.2. Espécies de Veto

O veto pode ser:

a) Quanto ao motivo determinante: *veto jurídico* (por ser o projeto de lei inconstitucional), *veto político* (por ser o projeto de lei contrário ao interesse público) e *veto político-jurídico* (por ser o projeto de lei contrário ao interesse público e inconstitucional).

b) Quanto à extensão: *veto total* (rejeição total do projeto de lei) e *veto parcial* (rejeição de parte do projeto de lei).

1.3.5. Promulgação

É o ato pelo qual o chefe do Executivo autentica a lei, ou seja, atesta a sua existência, ordenando-lhe a aplicação e consequente cumprimento por parte de todos. É a declaração de "nascimento" da lei.

Na hipótese de sanção tácita e no caso de rejeição de veto, se o Presidente não promulgar a lei em quarenta e oito horas, caberá ao Presidente do Senado fazê-lo (art. 66, §§ 3º, 5º e 7º, da CF).

1.3.6. Publicação

É o ato pelo qual a lei pode ser conhecida por todos. A publicação é condição para a lei entrar em vigor. De acordo com o art. 1º, *caput*, da Lei de Introdução às Normas do Direito Brasileiro, salvo disposição em contrário, a lei entrará em vigor quarenta e cinco dias depois de oficialmente publicada (regra geral).

Nos Estados estrangeiros, a obrigatoriedade da lei, quando admitida, inicia-se três meses depois de oficialmente publicada (art. 1º, § 1º, da Lei de Introdução às Normas do Direito Brasileiro).

Ressalte-se, ainda, que, segundo o princípio da simultaneidade, a lei começa a vigorar, ao mesmo tempo, em todo o País. É o que dispõe o art. 1º, *caput*, da Lei de Introdução às Normas do Direito Brasileiro.

1.4. *Vacatio legis*

Pode ser, no entanto, que o novo texto legal estabeleça um intervalo de tempo entre a data de publicação da lei e a sua entrada em vigor. Se tal ocorrer, estaremos diante do da denominada *vacatio legis*.

Neste caso, a lei só adquire obrigatoriedade depois de decorrido o prazo previsto em lei. Ao contrário, não há *vacatio legis* quando a lei determina que a sua entrada em vigor seja na mesma data de sua publicação.

Conforme dispõe o art. 1º da Lei de Introdução às Normas do Direito Brasileiro, se a lei não especifica a sua data de entrada em vigor, o novo texto legal somente entra em vigor quarenta e cinco dias depois de oficialmente publicado.

A finalidade da *vacatio legis* é possibilitar que a lei seja conhecida pelos destinatários, bem como permitir aos operadores do Direito que se preparem para aplicá-la adequadamente.

Exemplo: a Lei nº 10.406/02, instituiu o novo Código Civil e somente entrou em vigor um ano após a data de publicação (art. 2.044).

1.5. O Princípio da Inescusabilidade do Desconhecimento da Lei

Preceitua o art. 3º da Lei de Introdução às Normas do Direito Brasileiro que *"Ninguém se escusa de cumprir a lei, alegando que não a conhece".*

O referido dispositivo quer afirmar que, uma vez promulgada e publicada, torna-se a lei obrigatória para todos, não sendo possível alegar o seu desconhecimento. Trata-se do princípio da inescusabilidade do desconhecimento da lei, o que, a toda evidência, atende a um interesse social: afirmar o princípio da segurança jurídica.

Esquema Analítico X.1

2. Revogação

2.1. Definição

Revogação é a cessação da vigência da lei.

Para que uma lei possa revogar outra são necessários os seguintes requisitos: a) que a lei revogadora seja hierarquicamente igual ou superior à lei revogada (critério hierárquico); b) que a lei revogadora seja posterior à lei revogada (critério cronológico). É o que dispõe o art. 2º, § 1º, da Lei de Introdução às Normas do Direito Brasileiro.

2.2. Espécies de Revogação

2.2.1. Revogação Total (ou Ab-rogação)

Quando a lei é totalmente revogada por outra, havendo o que a doutrina denomina de *ab-rogação*.

Exemplo: a Lei nº 9.437/97, antiga Lei de Armas de Fogo, foi totalmente revogada pela Lei nº 10.826/03 (Estatuto do Desarmamento).

2.2.2. Revogação Parcial (ou Derrogação)

Quando a lei é parcialmente revogada por outra, havendo o que a doutrina denomina de *derrogação*.

Exemplo: o Código Penal (Decreto-Lei nº 2.848/40) foi derrogado várias vezes por leis posteriores. Tal ocorreu, por exemplo, através da Lei nº 11.106/05, que revogou o art. 240 do CP, que tratava do crime de adultério.

2.2.3. Revogação Expressa

Quando a lei revogadora indica expressamente as normas jurídicas a serem revogadas (art. 2º, § 1º, 1ª parte, da Lei de Introdução às Normas do Direito Brasileiro).

2.2.4. Revogação Tácita (ou Implícita)

Quando a lei revogadora não indica expressamente as normas jurídicas a serem revogadas.

De acordo com o art. 2º, § 1º, 2ª parte, da Lei de Introdução às Normas do Direito Brasileiro, a revogação tácita pode acontecer: a) quando os termos da lei posterior forem incompatíveis com as disposições da lei anterior; b) quando a lei nova passa a regular inteiramente a matéria que era disciplinada pela lei anterior.

2.3. Caso Concreto

A Segunda Turma do STF teve oportunidade de aplicar a ideia contida no instituto da revogação tácita, conforme restou decidido no Recurso Extraordinário nº 236.881, julgado em 05.02.2002:

> (...). 1. O artigo 150, inciso II, da Constituição Federal, consagrou o princípio da isonomia tributária, que impede a diferença de tratamento entre contribuintes em situação equivalente, vedando qualquer distinção em razão do trabalho, cargo ou função exercidos. 2. Remuneração de magistrados. Isenção do imposto de renda incidente sobre a verba de representação, autorizada pelo Decreto-Lei 2.019/83. Superveniência da Carta Federal de 1988 e aplicação incontinenti dos seus artigos 95, III, 150, II, em face do que dispõe o § 1º do artigo 34 do ADCT-CF/88. Consequência: <u>Revogação tácita, com efeitos imediatos, da benesse tributária</u>. Recurso extraordinário não conhecido. (grifo nosso)

3. Recepção

3.1. Definição

A Constituição Federal, ao ser promulgada, instala uma nova ordem constitucional no País, sendo certo que as normas jurídicas anteriores, isto é, aquelas editadas sob a vigência da Carta precedente, caso sejam compatíveis com as novas disposições constitucionais, serão entendidas como recepcionadas, ou seja, acolhidas.

3.2. Caso Concreto

Transcreve-se abaixo decisão da Segunda Turma do STF no Recurso Extraordinário nº 227.114, proferida em 22.11.2011, no qual a Corte entendeu que o art. 100, inciso I, do CPC foi recepcionado pela Constituição Federal em vigor:

DIREITO CONSTITUCIONAL. PRINCÍPIO DA ISONOMIA ENTRE HOMENS E MULHERES. AÇÃO DE SEPARAÇÃO JUDICIAL. FORO COMPETENTE. ART. 100, I DO CÓDIGO DE PROCESSO CIVIL. ART. 5º, I E ART. 226, § 5º DA CF/88. RECEPÇÃO. RECURSO DESPROVIDO. O inciso I do artigo 100 do Código de Processo Civil, com redação dada pela Lei 6.515/1977, foi recepcionado pela Constituição Federal de 1988. O foro especial para a mulher nas ações de separação judicial e de conversão da separação judicial em divórcio não ofende o princípio da isonomia entre homens e mulheres ou da igualdade entre os cônjuges. Recurso extraordinário desprovido. (grifo nosso)

---

4. Repristinação

Dá-se o fenômeno da repristinação quando uma norma revogadora de outra anterior, que, por sua vez, tivesse revogado uma mais antiga, recoloca esta última novamente em estado de produção de efeitos.

Trata-se de verdadeira restauração de uma lei já revogada, o que somente ocorre se houver expressa previsão na nova lei, conforme determina o art. 2º, § 3º, da Lei de Introdução às Normas do Direito Brasileiro, segundo o qual *"Salvo disposição em contrário, a lei revogada não se restaura por ter a lei revogadora perdido a vigência".*

II. EXERCÍCIOS DE FIXAÇÃO

1. O que se entende por processo legislativo?

Resposta: é o conjunto de fases estabelecidas na Constituição Federal a serem percorridas pelas espécies normativas primárias (emendas à Constituição, leis complementares, leis ordinárias, leis delegadas, medidas provisórias, decretos legislativos e resoluções – art. 59 da CF).

2. Quais são as fases do processo de formação da lei?

Resposta: iniciativa; discussão, deliberação e votação; sanção ou veto, conforme o caso; promulgação; publicação. Pode haver ou não *vacatio legis*.

3. O que se entende por iniciativa legislativa?

Resposta: é o ato de deflagrar o processo de criação das leis atribuído a alguém ou a um órgão. É a fase inicial do processo legislativo.

4. O que se entende por sanção?

Resposta: é o ato pelo qual o chefe do Executivo adere ao projeto de lei aprovado pelo Legislativo.

5. O que se entende por sanção tácita (ou implícita)?

Resposta: ocorre quando o chefe do Executivo não sanciona o projeto, e, neste caso, como preceitua o art. 66, § 3º, da CF, decorrido o prazo de quinze dias, o silêncio do Presidente da República importará em sanção.

6. O que se entende por veto?

Resposta: é a discordância (total ou parcial), por parte do chefe do Executivo, quanto aos termos do projeto de lei aprovado pelo Poder Legislativo.

CAPÍTULO X – PROCESSO LEGISLATIVO 131

7. Pode haver veto tácito?

Resposta: diferentemente da sanção, não há veto tácito. O veto deve sempre ser motivado e pode ser rejeitado pelo Poder Legislativo.

8. Quanto ao motivo determinante, classifique o veto:

Resposta: veto jurídico, veto político e veto político-jurídico.

9. Quanto à extensão, classifique o veto:

Resposta: veto total (rejeição total do projeto de lei) e veto parcial (rejeição de parte do projeto de lei).

10. O que se entende por promulgação?

Resposta: é o ato pelo qual o chefe do Executivo autentica a lei, ou seja, atesta a sua existência, ordenando-lhe a aplicação e consequente cumprimento por parte de todos.

11. Na hipótese de sanção tácita e no caso de rejeição do veto, se o Presidente da República não promulgar a lei em quarenta e oito horas, a quem cabe fazê-lo?

Resposta: ao Presidente do Senado, nos termos do art. 66, §§ 3º, 5º e 7º da CF.

12. O que se entende por publicação?

Resposta: é o ato pelo qual a lei pode ser conhecida por todos. A publicação é condição para a lei entrar em vigor. De acordo com o art. 1º, *caput*, da Lei de Introdução às Normas do Direito Brasileiro, salvo disposição em contrário, a lei entra em vigor quarenta e cinco dias depois de oficialmente publicada.

13. Em que consiste o princípio da simultaneidade?

Resposta: segundo o princípio da simultaneidade, a lei começa a vigorar, ao mesmo tempo, em todo o país. É o que dispõe o art. 1º, *caput*, da Lei de Introdução às Normas do Direito Brasileiro.

14. O que se entende por *vacatio legis?*

Resposta: é o intervalo de tempo existente entre a data de publicação da lei e sua entrada em vigor. Neste caso, a lei só adquire obrigatoriedade depois de decorrido o prazo previsto em lei.

15. Qual é a finalidade da *vacatio legis?*

Resposta: possibilitar que a lei seja conhecida pelos destinatários, bem como permitir aos operadores do Direito que se preparem para aplicá-la adequadamente.

16. O que se entende por revogação?

Resposta: é a cessação da vigência da norma jurídica.

17. Quais são os requisitos necessários para que uma lei possa revogar outra?

Resposta: que a lei revogadora seja hierarquicamente igual ou superior à lei revogada (critério hierárquico) e que a lei revogadora seja posterior à lei revogada (critério cronológico). É o que dispõe o art. 2º, § 1º, da Lei de Introdução às Normas do Direito Brasileiro.

18. O que se entende por ab-rogação?

Resposta: quando a lei é totalmente revogada.

19. O que se entende por derrogação?

Resposta: quando a lei é parcialmente revogada.

20. O que se entende por revogação expressa?

Resposta: quando a lei revogadora indica expressamente as normas jurídicas a serem revogadas (art. 2º, § 1º, 1ª parte, da Lei de Introdução às Normas do Direito Brasileiro).

21. O que se entende por revogação tácita (ou implícita)?

Resposta: quando a lei revogadora não indica expressamente as normas jurídicas a serem revogadas. A revogação tácita, portanto, decorre da incompatibilidade existente entre o texto jurídico anterior e o novo texto. É conveniente ressaltar, todavia, que o art. 9º da Lei Complementar nº 95/98, com a redação dada pela Lei Complementar nº 101/01, recomenda que a cláusula de revogação enumere expressamente as leis ou disposições legais revogadas.

22. Quais são as formas de revogação tácita?

Resposta: quando os termos da lei posterior forem incompatíveis com as disposições da lei anterior e quando a lei nova passa a regular inteiramente a matéria que era disciplinada pela lei precedente (art. 2º, § 1º, 2ª parte, da Lei de Introdução às Normas do Direito Brasileiro).

23. O que se entende por recepção?

Resposta: a Constituição Federal, ao ser promulgada, instala uma nova ordem constitucional no País, sendo certo que as normas jurídicas anteriores, isto é, aquelas editadas sob a vigência da Carta precedente, caso sejam compatíveis com as novas disposições constitucionais, serão entendidas como recepcionadas, ou seja, acolhidas.

24. O que se entende por repristinação?

Resposta: dá-se o fenômeno da repristinação quando uma norma revogadora de outra anterior, que, por sua vez, tivesse revogado uma mais antiga, recoloca esta última novamente em estado de produção de efeitos.

Trata-se de verdadeira restauração de uma lei já revogada, o que somente ocorre se houver expressa previsão na nova lei, conforme determina o art. 2º, § 3º, da Lei de Introdução às Normas do Direito Brasileiro, segundo o qual *"Salvo disposição em contrário, a lei revogada não se restaura por ter a lei revogadora perdido a vigência."*

BIBLIOGRAFIA

BITENCOURT, Cezar Roberto. **Tratado de direito penal:** parte geral, **v. 1**. 16. ed. São Paulo: Saraiva, 2011.

DINIZ, Maria Helena. **Compêndio de introdução à ciência do direito.** 12. ed. atual. São Paulo: Saraiva, 2000.

DI PIETRO, Maria Sylvia Zanella. **Direito administrativo.** 11. ed. São Paulo: Atlas, 1999.

FRAGOSO, Heleno Cláudio. **Lições de direito penal:** parte geral. Ed. rev. por Fernando Fragoso. Rio de Janeiro: Forense, 2006.

FRANÇA, R. Limongi. **Hermenêutica jurídica.** 7. ed. rev. e aum. São Paulo: Saraiva, 1999.

FRIEDE, Reis. **Ciência do direito, norma, interpretação e hermenêutica jurídica.** 5. ed. Rio de Janeiro: Forense Universitária, 2002.

FRIEDE, Reis *et al.* **Lições objetivas de direito constitucional e teoria geral do estado:** para concursos públicos e universitários. 3. ed. rev. atual. e ampl. Belo Horizonte: Forense Universitária, 2011.

GUSMÃO, Paulo Dourado de. **Introdução ao estudo do direito.** 27. ed. rev. Rio de Janeiro: Forense, 2000.

MACHADO, Hugo de Brito. **Curso de direito tributário.** 27. ed. rev. atual. e ampl. São Paulo: Malheiros, 2006.

MENDES, Gilmar Ferreira *et al.* **Curso de direito constitucional.** 4. ed. rev. e atual. São Paulo: São Paulo, 2009.

MONTEIRO, Washington de Barros. **Curso de direito civil, v. 1:** parte geral. 39. ed. rev. e atual. São Paulo: Saraiva, 2003.

NORONHA, E. Magalhães. **Direito penal, v. 1:** introdução e parte geral. 31. ed. atual. por Adalberto José Q. T. de Camargo Aranha. São Paulo: Saraiva, 1995.

PERELMAN, Chaïm. Ética e direito. Trad. de Maria Ermantina. São Paulo: Martins Fontes, 2000.

PRADO, Luiz Regis. **Curso de direito penal brasileiro, v. 1:** parte geral, arts. 1º a 120. 5. ed. rev. São Paulo: Editora Revista dos Tribunais, 2005.

REALE, Miguel. **Lições preliminares de direito**. 26. ed. rev. São Paulo: Saraiva, 2002.

REZEK, José Francisco. **Direito internacional público:** curso elementar. 9. ed. rev. São Paulo: Saraiva, 2002.

SGARBI, Adrian. **Teoria do direito:** primeiras lições. Rio de Janeiro: *Lumen Juris*, 2007.

SILVA, José Afonso da. **Curso de direito constitucional positivo**. 17. ed. rev. e atual. nos termos da reforma constitucional. São Paulo: Malheiros, 1999.

TELLES JUNIOR, Goffredo. **Iniciação na ciência do direito**. 2. ed. São Paulo: Saraiva, 2002.

THEODORO JÚNIOR, Humberto. **Teoria geral do direito processual civil e processo de conhecimento**. 51. ed. Rio de Janeiro: Forense, 2010.

TOURINHO FILHO, Fernando da Costa. **Manual de processo penal**. 6. ed. São Paulo: Saraiva, 2004.

VENOSA, Sílvio de Salvo. **Introdução ao estudo do direito:** primeiras linhas. 2. ed. São Paulo: Atlas, 2006.